妈妈，
请把我当虎鲸养（修订版）

奖励，让你成为孩子最好的老师

Whale Done Parenting

〔美〕肯·布兰佳　萨德·拉辛纳克
查克·汤普金斯　吉姆·巴拉德○著
刘祥亚　徐　扬○译

重庆出版集团 重庆出版社

Whale Done Parenting: How to Make Parenting a Positive Experience for You and Your Kids
Copyright © 2009 by Polvera Publishing, Jim Ballard, Thad Lacinak, and Chuck Tompkins.
Copyright licensed by Berrett-Koehler Publishers arranged with Andrew Nurnberg Associates International Limited
Simplified Chinese Edition Copyright © 2010 by Grand China Publishing House
All rights reserved.
No part of this book may be used or reproduced in any manner whatever without written permission except in the case of brief quotations embodied in critical articles or reviews.

版贸核渝字(2010)第 063 号

图书在版编目(CIP)数据

妈妈，请把我当虎鲸养 / （美）布兰佳等著；刘祥亚，徐扬译. -- 重庆：重庆出版社，2013.12
书名原文：Whale done parenting: how to make parenting a positive experience for you and your kids
ISBN 978-7-229-07274-2

Ⅰ. ①妈… Ⅱ. ①布… ②刘… ③徐… Ⅲ. ①家庭教育 Ⅳ. ①G78

中国版本图书馆 CIP 数据核字(2013)第 294313 号

妈妈，请把我当虎鲸养（修订版）
MAMA, QING BA WO DANG HUJING YANG

〔美〕肯·布兰佳　萨德·拉辛纳克　　著
　　　查克·汤普金斯　吉姆·巴拉德
刘祥亚　徐　扬　译

出 版 人：罗小卫
策　　划：中资海派·重庆出版集团科技出版中心
执行策划：黄　河　桂　林
责任编辑：肖化化
装帧设计：重庆出版集团艺术设计有限公司·陈　永

重庆出版集团
重庆出版社　出版

重庆长江二路 205 号　邮政编码：400016　http://www.cqph.com
重庆出版集团艺术设计有限公司制版
重庆市圣立印刷有限公司印刷
重庆出版集团图书发行有限公司发行
E-MAIL:fxchu@cqph.com　电话:023-68809452
全国新华书店经销

开本：880mm×1 250mm　1/32　印张：5.75　字数：109 千
2013 年 12 月第 1 版　2013 年 12 月第 1 次印刷
ISBN 978-7-229-07274-2
定价：28.00 元

如有印装质量问题，请向本集团图书发行有限公司调换：023-68706683

版权所有　侵权必究

孩子
你可知道
妈妈有多爱你

孩子
你可知道
成长要付出多少努力

阳光从你的睫毛滑落
时间从你的肩头流过

前方总有无数的高山
需要你每一次努力地攀援

让妈妈看你的快乐和成长
妈妈期待你的那一天
破茧而出在广阔天空里精彩飞翔

孩子
健康地长大
和小鲸鱼一样
在世界这偌大海洋里
劈风斩浪

孩子
时间抚触我的皱纹
而你，抚慰我的笑容

——蔷薇盛放

名人推荐

董 浩
著名儿童节目主持人

培养孩子也是一种快乐的体验

——给 80 后年轻父母的教育法

在我们这一代人的传统观念里,一个人最基本的责任,就是上——赡养父母,下——养育孩子。父母和孩子这两个角色,基本囊括了我们的生活。我们先在一个家庭中成长,再组建另外一个家庭。

转眼间,我的身边涌来了一大批 80 后。

转眼间,他们成长为社会的中坚。他们年轻、有力量、有知识,他们成家立业。现在,他们也到了养育孩子的阶段。

年轻的这一代人,比起遵从父母一贯的教育方法,他们更崇尚从书本得来的知识。因而他们的教育方式已不是我们那时大杂院里的放羊式教育,更接近于营养品的配方,钙质、维C等的搭配分毫不得差。培养孩子的方法越来越科学。

一直以来,我都主张要慢慢地体验生活。细腻地感知生活是一种很快乐的体验，人与自然之间是如此，人与人之间也是如此。翻开这本彩色的《妈妈，请把我当虎鲸养》，就像点开了动画片的播放按钮。书里有海洋世界，有驯鲸师，有年轻、充满活力的父母，还有调皮、可爱的孩子……仿佛一部色彩鲜艳的温情动画大片。我发现了一句和我的想法很接近的话——"让教养变成你和孩子的一种快乐体验"。体验的过程很缓慢，想想，看着孩子一点一滴地成长，该是多么缓慢的过程。记起和孩子的相处，似乎每一天都有着不一样的故事。但常常一眨眼，孩子已经是家庭的中坚。而我，也体验了由孩子到父母的过程。相对于"棍棒底下出孝子"的传统、严厉的教育方式，鲸鱼教育法是一种快乐的教养新理念，主张"奖励孩子"，并用这种方式达到引导孩子形成良好习惯和性格的效果。运用这种方法，就像书里说的，海洋世界里庞大无比的虎鲸你都能教育好，何况聪明乖巧的孩子呢？

我们有一种通俗的说法，叫"成家立业"，先"成家"然后"立业"。这也从侧面说明了，在教育孩子的过程中，父母也在成长、成熟。有了教育孩子的这种体验，我们的经历才更完整。我衷心地希望每一位父母和孩子都有一段温暖、喜悦、五彩缤纷的体验。

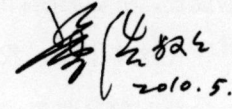

专家推荐

刘慧琴
睿稚集团 CEO
教育部教育管理信息中心幼儿理事会副理事长

纸上得来终觉浅

打开《妈妈，请把我当虎鲸养》，初看觉得挺有意思。这本书就是一个故事，一个还挺有趣的故事，读起来很开心，很轻松。让我不禁想起我小时候接受的家庭教育。书中提到的某些问题竟然是我小时候出现过的毛病，我不禁想，假如我的父母之前看过这本书，我现在会是一个怎样的人？假如我的老师看过这本书，我现在会是一个怎样的人？

孩子决定了一个家庭的未来，往大了说，决定了社会的未来。其中的重要性自不必说。有时甚至觉得，就应该诚惶诚恐，以敬畏之心去教育、培养孩子。

现在的我，从事着早教工作，自然而然地，更加关注孩子的成长，更加关注新的教育方法和理念。

在这本书中，我第一次听到了"鲸鱼教育法"。咦，又是一个新的教育理念，而且初次听起来还有点摸不着头脑。孩子和鲸鱼，似乎没有联系，管理学大师和育儿专家又是两码事，但他们都在《妈妈，请把我当虎鲸养》中相遇了。

孩子慢慢地成长，鲸鱼训练的过程却可能很快。

文中采用变换地点的方式叙述，在主人公艾米的家里和她的工作场所海洋公园间转换。场景的变换增加了阅读的趣味性，就像是话剧，换个背景，世界都完全不同了。关于孩子成长中的具体问题，大概只列举了六七个，和训练鲸鱼中出现的问题一一对应。原来，海洋世界里的鲸鱼也有闹情绪不听话的时候，艾米采用的方法，就是仔细观察鲸鱼行为，只要一发现它做对了什么，就及时奖励，把正确的行为巩固下来。把鲸鱼教育法用在孩子身上也是同样的道理，发现孩子做得对的地方，奖励孩子，引导孩子喜欢上做正确的事情，从而培养孩子良好的生活习惯。

教养孩子的过程，应该是快乐的。对于父母来说，培养孩子是一种全新的体验，看着孩子一点一点地长大，欣喜于孩子的每一点进步。就像在海洋世界里看鲸鱼表演一样，每一刻，你绝不会知道下一刻鲸鱼会有怎样的表现。所以，当我们坐在看台上时，永远怀着一种期待的心情，准备随时接受惊喜。教养孩子也是一样，永远以一种期待的心情等待来自孩子的惊喜。

何乐而不为？

睿稚集团成立于2004年，集团凭借其专业的国际背景，以及对儿童启蒙需求的深刻认识，致力于"最适宜国内儿童启蒙教育"项目的引入、管理和发展，是专为儿童提供教育服务的国际性企业。集团旗下有天才宝贝（www.FTK.cn）、小小地球（www.ftkenglish.com）等项目。

目　录

名人推荐　培养孩子也是一种快乐的体验　2
专家推荐　纸上得来终觉浅　4
前　　言　来自鲸鱼的启示　11
引　　言　调整你的家庭教育思维　13

第1章　令人兴奋的新工作和在家里的挑战　17
初识鲸鱼教育法

你们不仅教会了我鲸鱼法则，而且还教会我怎么用它来教育孩子。每次看到我的小乔什对鲸鱼法则的反应，我都会感到很兴奋。

第2章　床畔华尔兹　25
训练孩子按时睡觉

让我感到吃惊的是，很多父母总是留意自己的孩子做错了什么，忽视那些他们做得对的事情。

鲸鱼哲学笔记：上床睡觉时间　36

第3章　A-B-C通行法则　39
鼓励才是最重要的

当人们做对某件事情时，通常不会有人注意到。往往都是在他们一做错某件事情的时候，周围的人就会突然跳出来大加指责。

鲸鱼哲学笔记：如何用鲸鱼哲学跟同事相处　47

第 4 章　重发指令策略　49
纠正孩子的负面行为

绝对不要试图跟哭闹中的孩子讲道理,这样做毫无意义。千万不要在此时给予关注,否则只会鼓励他继续哭下去。

鲸鱼哲学笔记:如何应对乱发脾气的孩子　56

第 5 章　口味是可以培养的　59
孩子挑食怎么办

关键并不是要他喜欢这些食物,而是要让他把食物吃下去。只要养成习惯,总有一天,他会主动选择这些食物的。

鲸鱼哲学笔记:快乐的用餐时间　66

第 6 章　断奶的故事　69
如何消除孩子对舒适物品的依赖

不要把所有玩具一股脑儿都给孩子。把它们装到不同的篮子里,每次拿出一个篮子,时不时地换个顺序。

鲸鱼哲学笔记:培养一种正确对待玩具的态度　75

第 7 章　不只是你自己的　77
教你的孩子学会分享

你是在帮自己的孩子培养一种受用一生的价值观,教他懂得什么是友谊、慷慨。当你开始培养孩子分享的习惯时,就是在培养孩子的价值观。

鲸鱼哲学笔记:分享的乐趣　84

第8章 "不可以" 87
一个过度使用的词语

作为父母,应当尽量减少批评、指责,甚至减少对孩子说"不可以"的频率。这会让你避免成为孩子们眼中的"坏警察"。

鲸鱼哲学笔记:尽量少说"不可以" 95

第9章 分享心得 97
不同年龄段的鲸鱼教育法

父母们通常只会留意孩子们所犯的错误,并想办法阻止他们继续犯错。而要想留意他们做对了什么,那就要花费更多时间和精力了。

鲸鱼哲学笔记:适用于各年龄段的鲸鱼教育法 108

第10章 养宠物 111
教孩子关心宠物

选择宠物时,一定要考虑到你孩子的年龄、身高、性格等因素。要仔细研究宠物的习惯,包括它的品种和类别。

鲸鱼哲学笔记:关心宠物 118

第11章 让他独处一段时间 121
孩子闹脾气时怎么办

冷处理可以帮助你的孩子对自己的行为负责,而且更加重要的是,它可以帮助孩子改变自己的行为。

鲸鱼哲学笔记:学会冷处理 128

第12章　马桶风波　131
怎样训练孩子用马桶

一旦孩子做出任何你希望的行为，立刻抓住机会加以表扬。不要等到他做得完美，看他做得差不多时就提出表扬。

鲸鱼哲学笔记：怎样训练孩子使用马桶　142

第13章　"请"和"谢谢"　145
关于孩子的道德成长

要想让你的孩子变得自信、有能力、充满爱心，最关键的一点就是要努力留意他做对了什么。

鲸鱼哲学笔记：怎样培养孩子的道德观　152

池畔谈话　如何将鲸鱼哲学用于实践　155

致　谢　167

关于作者　169

肯·布兰佳集团服务项目　175

前言

来自鲸鱼的启示

7年前,我们第一次见到肯·布兰佳,记得那是在佛罗里达州的奥兰多市。当时肯正在奥兰多海洋世界推广自己的新书。他在夏穆馆作的演讲很大程度上借鉴了2002年出版的《鲸鱼哲学:积极关系的力量》(Whale Done! The Power of Positive Relationships)一书的内容。该书自问世以来,已经帮助成千上万名读者在家庭和工作中建立了良好的人际关系。

让肯万万没有想到的是,那次见面之后,艾利和我开始了我们人生中最伟大、最有成就感,偶尔也最让人感到沮丧的历险:我们组建了自己的家庭。遇到肯之后不久,我们就有了三个漂亮的小宝贝。盖勒今年6岁,纳桑尼尔4岁,贝萨尼2岁——与本书中小乔什的年龄相仿。我们很高兴地告诉大家:你们在书中将学到的所有技巧,都经过了我们的实际验证,效果好极了!

那天上午,在奥兰多与肯的交谈让我深深感觉到肯是一位伟大的教师,他总是在反思自己的人生经历,总是愿意将自己的体会与身边更多的人分享,希望能够让他们的生活变得更轻松,更高效,更有成就。拜读完他与极富传奇色彩的迈阿密海豚教练唐·舒拉合著的作品之后,我明显感觉到,海洋世界与

肯·布兰佳的下一次合作指日可待了。

正如肯在书中经常谈到的那样,海洋世界在很多方面都很优秀,但最优秀的事情之一就是照顾和训练海洋动物。海洋世界所作的一切努力只为一个目的:快乐。但对于肯来说,事情并非这么简单。从20世纪70年代第一次参观圣地亚哥的海洋世界之后不久,他就意识到:人们用来培养海洋动物(包括大型海洋动物,如虎鲸)的那些技巧,同样可以用来改进人际关系。一头虎鲸的体重可以高达1.3万磅(约5 900公斤)。它是海洋生物链最顶端的物种。正如海洋世界的驯鲸师们经常指出的:一个明智的人不会去要求一头虎鲸做什么事。你只能依靠你和虎鲸之间的相互信任和尊重来请它完成某个动作。

海洋世界的全体成员都很希望能继续跟肯保持良好的合作关系,这本《妈妈,请把我当虎鲸养》便是最新的成果。我们希望书中的智慧能为你带来一些有意义的思考和收获,并进而改变你的生活。

吉姆·艾奇逊(Jim Atchison)

艾利·艾奇逊(Elli Atchison)

(吉姆·艾奇逊是美国布希娱乐集团总裁,该集团在全美共拥有10家主题公园,包括大名鼎鼎的海洋世界、比施加登斯主题公园、发现湾等。)

引 言

调整你的家庭教育思维

作为父母,你是否见识过孩子发脾气,比如拒绝按时上床睡觉,挑食,或者拒绝把自己的玩具给别人玩?你是否经常会冲孩子大吼大叫,或者总是对孩子说"不可以"?你是否发现,不管自己怎么做,孩子都不肯学会用马桶?你是否感觉自己总是很难让孩子按时完成家庭作业?你是否发现孩子经常会捉弄别人,跟人打架,甚至有不良举止?你是否意识到自己需要更好的办法来为孩子制定一些规则,让孩子懂一些基本的规矩?

教育孩子是一件极富挑战性的工作。随着遇到的挑战越来越多,父母们很容易按照老套路,或者陷入一种消极的循环,导致自己跟孩子之间的关系变得越来越糟——很多人甚至不敢相信这个世界上还有什么"更好的教育孩子的办法"。这正是本书要解决的问题。简单来说,书中所讲述的家庭教育方式会让作为父母的你们感觉更好,与孩子之间的关系更好,同时对家庭生活重燃激情。

书中提到了一套积极有效的法则,这套法则不仅具有严谨

的科学依据,更重要的是,它真的非常有效!本书将告诉你怎样把驯鲸师们训练虎鲸的技巧用来教育自己的孩子,做法非常简单:重点强调孩子积极的一面,忽视孩子消极的一面。道理简单,但做起来并不容易。

书中的大部分内容都是针对 5 岁以下的孩子,但正如各位将在书中看到的那样,这些法则同样适用于年龄稍大的孩子,甚至包括青少年。事实上,鲸鱼教育法可以适用于所有年龄段的孩子,因为它是基于行为科学的普遍总结而成的。

大多数初为父母的年轻人都会用当初父母管教自己的方式管教自己的孩子。有时候这样做没问题,但有时候他们只会记得父母当初的一些消极做法。这种做法可能会带来灾难性的后果。书中谈到的这些法则和技巧并非来自作者的童年记忆或凭空猜想,而是来自实际的行为科学原理。

正如我们在第一本书《鲸鱼哲学:积极关系的力量》中所谈到的,现代海洋动物训练的根本原理是正面强化,但事情并非一开始就是如此。20 世纪 70 年代早期,人们训练动物的方法与如今大不相同——当时驯兽师们使用的方法几乎没有任何科学基础。

那时的驯兽师们清一色全是男性。大多数情况下,他们会强制动物服从自己的指令,这种做法成功率极低——驯兽师之间也很少互相分享自己的经验和心得。当时大家并非刻意忽视操作性条件反射原理(即由刺激引起的行为改变。——译者注),

引 言

我们根本不知道什么是条件反射!

海洋世界的驯兽师们坚信:一定会有更好的办法!于是他们开始大力研究行为科学,并最终走到了世界行为强化训练领域的最前列。

当时我们所掌握的行为强化方式极其有限。当时唯一的强化工具——食物,很难帮助驯兽师跟动物之间保持一种深刻而持久的关系。慢慢地,海洋世界的驯兽师们发明了多种方式来奖励和强化动物的积极行为并凭此和鲸鱼建立了良好的关系,甚至能和它们在水中玩耍了。这就是我们今天在海洋世界看到的虎鲸表演。

当时的萨德和查克在学习如何训练虎鲸,与此同时,肯·布兰佳却在观察各种组织中自上而下的"指令 - 控制式"管理方式所存在的弊端。肯指出,培养人才的关键在于发现他们做对了什么。或许是机缘巧合,萨德、查克、肯和吉姆走到了一起,结果就是写成了那本畅销世界的《鲸鱼哲学:积极关系的力量》。

自 2003 年该书问世以来,《鲸鱼哲学:积极关系的力量》不仅取得了巨大的成功,在这个过程中它也改变了很多人。该书讲述了一个人是如何运用驯鲸师的技巧来改善自己与同事和家人之间的关系。这本书问世之后的这么多年里,我们一次又一次地被问及:"书中的这些法则能用来教育小孩子吗?"这个问题让我们意识到有必要再写一本书了。将鲸鱼哲学法则用来教育孩子是一个顺理成章的过程。事实上,用它来教育孩子要

比"教育"成人更容易，效果也更加持久。

鲸鱼哲学远远不仅是一套技巧。它是一套完整的哲学，是一套我们这个时代迫切需要的理念。简单来说，我们所说的鲸鱼哲学所倡导的是一种看待别人的方式，它可以教会你如何看到他人身上最好的一面。我们真心希望，这本书能够教育和激励全天下的母亲、父亲、祖父母，以及其他帮助教育孩子的人，用一种全新的眼光看待自己的角色。我们相信，通过阅读艾米一家的经历，你会重新认识一条自己早已知晓的至理名言：积极就是一种力量！

第1章
令人兴奋的新工作和在家里的挑战
初识鲸鱼教育法

你们不仅教会了我鲸鱼法则,而且还教会我怎么用它来教育孩子。每次看到我的小乔什对鲸鱼法则的反应,我都会感到很兴奋。

海洋世界。休息间隙。

艾米·谢尔德莱克正坐在一个大大的水池边，一边看着几头自己最喜欢的虎鲸在水中畅游，一边陷入了沉思。"怎么回事，不知不觉间，我已经在这儿工作一年了？"

"你们都是我最好的朋友。"艾米大声喊道。水池中这群体型庞大、通体发亮、黑白相间的"海洋之王"从她面前游过，它们张开眼睛，冲着艾米点头——可以想象，这些大家伙们真的听懂了艾米的话。

"不仅如此，你们还是我所见过的最好的老师。我不知道该怎么感谢你们对我的帮助，是你们教会我怎么做个好妈妈。你们帮助我为以后跟孩子的相处打下了良好的基础。我只是每天待在这里，看着你们如何回应驯鲸师们的善意和执著，就能让我学到这一切，真是太棒了。每次你们在观众面前翻腾着跃上半空，驮着我们在水中飞驰，顶着我们从水中一跃而起的时候，观众们总是会惊讶不已，掌声雷动。他们永远无法理解驯鲸师们是怎么训练你们的。但我们知道，对吧，我的好朋友？"

艾米安静下来，看着她的这群鳍类好友。她喜欢这些虎鲸，海洋世界的驯鲸师们根据阿拉斯加土著文化中的元素为它们命

第1章
令人兴奋的新工作和在家里的挑战

名。那个大块头名叫卡斯蒂,意思是"人生之路"。萨古的意思是"快乐"——它叫这个名字的确很合适!卡根的意思是"光"。图坦的意思是"希望"。还有那个最年轻的小家伙,它的名字叫塔特,意思是"夜晚"。

艾米接着说道:"你们总是在提醒我什么时候做得不对。你们不仅教会了我鲸鱼法则,而且还教会我怎么用它来教育孩子。每次看到我的小乔什对鲸鱼法则的反应,我都会感到很兴奋。要是他也能记住这些东西就好了!"

一年以前……

此刻艾米正跟其他两位实习生——史蒂夫·古蒂雷兹和洛雷娜·阿克曼——坐在水族馆高高的看台上。

"这个手势的意思是让鲸鱼跳出水面!跳啊,卡斯蒂!"艾米急切地小声说道。

片刻之后,观众们开始为这头体重超过1.1万磅(约5吨)的虎鲸那惊人的一跃欢呼叫好,人群中响起了一阵阵的"喔""啊"声。看着这个大家伙突然从水中升起,猛地用鼻子把女驯鲸师顶出水面,观众们惊讶得甚至忘记了呼吸。太高了,简直让人不可思议,这个黑白相间的庞然大物一直窜到半空中,带起的水花从身体两侧滑落,像一道巨大的空中水帘。驯鲸师沉着地

站在鲸鱼的鼻子上,显得非常放松,一直上升到最高点,大约30英尺(约9米)的时候,她才做了一个漂亮的鱼跃,跳入水中。

"让我们给卡斯蒂和劳瑞一些掌声!"讲解员的声音从大喇叭里传来。随着两千名观众发出如雷般的掌声和尖叫声,三位实习生相互对视一笑,抬臂击掌表示祝贺。

"你说对了,艾米。"史蒂夫赞许地说道。

"耶!艾米。"洛雷娜说道,"你太棒了。我都没说对。"

艾米微笑着说:"谢谢,只是碰巧罢了。"

三位实习生被安排到看台上观看著名的海洋世界虎鲸表演,目的就是辨认驯鲸师的手势、口哨以及其他提示信号的含义。表演继续进行。艾米等人开始一边做笔记,一边仔细地观察驯鲸师给这些虎鲸们发出的各种信号。这些实习生们注意到,每次表演结束,观众们的注意力被巧妙地转移到其他地方时,驯鲸师们都会偷偷地奖励一下自己的这些表演伙伴。

"他们甚至连鱼都不用喂。"洛雷娜说道。

"我想可能是因为这是下午后半场演出了吧。"艾米回答道。

"是的,"洛雷娜说道,"到这个时候,这些大家伙们今天的食物已经吃掉90%了。"

"所以你看它们大都只是用鼻子嗅来嗅去,驯鲸师们也只是给一些它们平时最喜欢的玩具。"艾米又说道,"我发现她们在给卡斯蒂做腋下按摩。它好像很喜欢别人按摩胸鳍。但我前几天发现卡根好像并不是这样。她只喜欢别人按摩她后背。"

第1章
令人兴奋的新工作和在家里的挑战

"快看,"当观众们都在观看水池这边的表演时,洛雷娜却指着水池另一边说道,"杰瑞德正在用水管按摩萨古的牙床,好像是在奖励他刚才的那个后空翻。萨古看起来很享受。"

"奖励这些家伙的方式千差万别,怎么做都不嫌多。"史蒂夫说道。

整场表演中,观众都持续地发出阵阵惊喜和狂叫。节目最后,这些大明星们从水池后面鱼贯而出,挥动着巨大的尾鳍向观众示意。就在观众们开始陆续离开水族馆的时候,艾米再次听到了那些熟悉的夸赞,"这些虎鲸真是太棒了。他们是怎么训练出来的呢?"在消毒工人们工作的同时,三位实习生开始拿着笔记相互对照。最后,她们站起身来,走向一扇通往后台的门。

"你们能相信吗?"洛雷娜说道,"用不了多久,我们三个就要为观众表演了。"

"我知道,太棒了。"史蒂夫说道。

"但别忘了,"艾米一边开门,一边提醒自己的同事,"这些鲸鱼可都是大明星。我们只是陪衬罢了。"她指着水池里那五头虎鲸圆滚滚的后背说道。当艾米和同事们拿着笔记,准备前往教室上课的时候,艾米探头看了看水池中的情景。刚刚表演完的卡斯蒂和萨古此刻显得非常安静,跟刚才表演时展露的状态简直判若两样。

一头名叫图坦的虎鲸离开了进食区,朝着艾米的方向游了过来,一边游,一边抬起脑袋表示欢迎。艾米突然感觉自己的

身体一阵兴奋,好像自己一生的梦想终于变成现实了。小时候她曾经养过一只名叫史库特的小狗,从那时起,她就特别喜欢动物。这么多年来,她先后养过各种宠物,包括鱼、乌龟、沙鼠、狗、猫(还养过一只生病的小松鼠)等。父亲带她去看那部著名的《海豚的故事》(*Flipper*)之后,她便疯狂地喜欢上了大型水族动物。

最终,还是最具有王者风范的虎鲸俘获了她的心。每次坐在海洋世界的观众席里观看虎鲸表演时,艾米的脑子里就只有一个念头:一定要成为一名驯鲸师!从大学拿到行为心理学学位之后,她嫁给了马特·谢尔德莱克。后来又有了小乔什,现在这孩子已经两岁了。一想到小乔什,艾米就想赶快到家,马上见到他。

繁忙的一天很快过去。在回家的路上,艾米感觉内心非常复杂。一方面,她还在为进入海洋世界工作兴奋不已,另一方面,她又很想小乔什,不太愿意离开他。跟很多同龄的小孩子一样,乔什也是一个活蹦乱跳的小家伙。他总是精力充沛,已经知道了该怎么"使唤"爸爸妈妈,而且他的创意似乎总是源源不绝!虽然艾米和马特也绞尽了脑汁,但总是收效甚微,这也是艾米为重新开始工作而有负罪感的一个主要原因。在把车子停到圣德西日托中心停车场的时候,艾米不禁想到,居然为了一份有

第 1 章
令人兴奋的新工作和在家里的挑战

趣的驯鲸师工作把这么小的孩子扔到日托中心，我到底是个什么样的母亲啊？很快，当她停止自责，开始分析自己内心的感受时，艾米意识到，其实在内心最深处，她还是很想念乔什的。

她三步并作两步地走进日托中心，发现其他母亲正在帮孩子穿外套。一看到小乔什张开双臂"咯咯"笑着朝自己跑过来，艾米的心跳立刻加速。她一把抱住小乔什，两人开始往门口走去。

"别忘了今晚的家长会。"办公室里传来中心主任的声音，"晚上七点半。"

那天晚上，开完日托中心的会议之后，艾米一边往家赶，一边回想起今天在海洋世界的经历。她忍不住想要立刻跟马特分享自己在跟虎鲸相处过程中所学到的东西。但刚一打开家门，她的热情一下子就被熄灭了。整个家里到处散落着各种玩具和其他小玩意儿。阵阵尖叫声和哭声从小乔什的房间里传来。

"怎么回事？"艾米有点摸不着头脑了。

"怎么回事？！"马特的声音里透着一股沮丧，"是乔什！"

"不愿意上床睡觉，是吗？"艾米问道。

马特摇了摇头。"这小祖宗简直要把我给累死了。"

艾米想起了自己和马特一起哄乔什睡觉的情形，她突然发现，自己和马特已经让小乔什养成了一个坏习惯——虽然这孩子已经两岁了，可他还是要求爸爸妈妈随时陪在身边。

乔什的尖叫声继续传来，艾米和马特彼此对视了一眼。"他把我们训练得不错。"艾米说道。

马特叹了口气:"说得对。要是能反过来,我们来训练训练他就好了。"

"你说得好,"艾米笑着说道,"我刚才一直在想我今天在海洋世界学到的办法,我觉得我们可以用这些办法来训练一下小乔什。"

"我想现在改变也不晚,"马特看了看手表,打了个哈欠,"时间不早了,我们都累了。咱们明天开个会,想想该怎么办吧。"

第 2 章
床畔华尔兹
训练孩子按时睡觉

> 让我感到吃惊的是,很多父母总是留意自己的孩子做错了什么,忽视那些他们做得对的事情。

第二天早晨。海洋世界。

所有的驯鲸师和三位实习生在水池边集合，观看海洋世界主管兼首席驯鲸师克林特·乔丹的演示。他首先向三位新人表示欢迎。"我和我的同事们都非常欢迎你们加入我们的培训项目。"人群中顿时爆发出一阵阵欢呼声和口哨声。"你们每个人，"克林特接着说道，"都经过了非常严格的面试和背景筛选，我们的目的是确保你们是最合适的人选。毫无疑问，你们现在的这份工作是很多人梦寐以求的，这个世界上，只有很少数人能有这个机会。事实上，驯鲸师比太空飞行员还要稀有。"

"首先谈谈安全问题，"克林特说道，"跟这些大家伙们一起共事的确有一定的危险，尤其是对于它们不认识的新人。虎鲸是海洋里的顶级掠食者。成年虎鲸最长的有18到20英尺（约6米），体重能达到2万磅（约9吨）。为了防止有人不小心掉进虎鲸所在的水池，我们特地准备了一些规章制度和紧急处理方案。在虎鲸表演时，我们要求观众和驯鲸师们都必须严格遵守这些规定。在跟这些动物们打交道的过程中，你们必须百分之百地服从你们的上司。"

"新来的培训师还要学习所有的培训术语，这样才能跟大

第 2 章
床畔华尔兹

家更好地沟通。"克林特掂了掂他一直戴在脖子上的哨子。"比如说,当鲸鱼们正确地完成某个动作之后,我就会吹声哨子表示赞赏。我们把哨子看成是一种激励工具。一旦鲸鱼正确地完成某个动作,它就会得到某种形式的奖励,比如说鱼、按摩或各种玩具,这些刺激的作用就是把'完成动作'和'得到奖励'之间联系起来。现在我想请大家看看乔迪跟她的朋友卡根是如何表演的。"

乔迪是一位非常有经验的驯鲸师,之前艾米已经看过她的表演很多次了。这时乔迪走到水池边上,她打了个手势,一个巨大的身影突然从水中向她猛冲过来,猛地一下停到了她脚边。在接下来的几分钟里,乔迪指挥卡根完成了一系列动作,并在每次完成预期动作之后给她奖励。三位实习生内心充满了敬畏。她们看着卡根完美地完成各种动作,内心无疑想着"到底是怎么训练出来的呢"?答案很快揭晓。

当乔迪用按摩奖励卡根的时候,克林特再次走到了台前。"在训练鲸鱼的过程中,一定要时刻牢记三条基本规则。"他指了指水池旁边的墙上列出的三条规则:

1. 创造条件,帮助它成功。
2. 忽视失败并(或)重发指令。
3. 奖励成功。

克林特指着第一条基本规则说道:"要想帮助卡根成功,其中的一点就是要了解它的习性,它的成长史,它的喜好,它在一天当中什么时候最有活力,它最喜欢哪位驯鲸师等。要想帮助它成功,你还要学会另外一点,当它做出某个你不希望的动作时,千万不要去强化它的这一动作。"

然后克林特指着第二条基本规则说道:"千万不要把失败看成是坏事。千万不要去留意那些你不希望她重复的动作。但另一方面,你又要时刻留意她的成功,一旦她成功完成了任何一个指定动作,你要立刻大张旗鼓地表扬。"

"这就引出了第三条规则,"克林特继续说道,"成功并不能一蹴而就,它是一小步一小步的进步累积的结果,在这个过程中,你需要仔细观察每一个细节,并奖励她的每一次进步。你要想尽一切办法让她对自己刚才的做法感觉良好,哪怕只是一点点进步。你可以用各种办法,食物、玩具、按摩等,一定要确保她在做完每个预定动作之后产生良好的感觉。"

那天晚上,艾米简直是迫不及待地想要跟马特分享自己刚刚学到的东西,想看看把这些技巧用来处理乔什的睡觉问题会有什么效果。"克林特·乔丹,我们的首席驯鲸师,今天给我们讲了一些驯鲸的基本规则。"她说道,"他把这套规则称为'鲸

第2章
床畔华尔兹

鱼哲学'。"艾米向马特逐一解释了驯鲸的三条基本规则——创造条件,帮助对方成功;忽视失败并(或)重发指令;奖励成功。

"我一直在琢磨第一条规则,我们该怎么尝试用新办法帮助乔什养成好习惯呢?"艾米接着说道,"我的想法之一就是,限制他的午睡时间,这样他到晚上就该困了。我可以请日托中心的老师们让他白天尽量少睡一些。只要我解释清楚其中的道理,我想他们一定会配合我的。"

马特点点头:"听起来不错。"

"我们还可以想办法让他晚上安静一些。不要开电视。不要让他再像以前那样四处乱跑。"

马特皱了皱眉头。"你的意思是我们要取消绿巨人打败所有对手的摔跤游戏吗?我想绿巨人可能不喜欢这样做。"

"你是说你不喜欢吧!"艾米笑骂道。

马特笑着说道:"可话又说回来,如果我把我们的游戏提前一些,到该睡觉的时候,我和小乔什都会很累了。这样的话,正像你说的,临睡之前的一段时间我们就会安静许多。我可以给他读一个比较安静的故事。"

艾米点点头表示赞同。"关于第一条规则,就说这么多吧。"她说道,"下面我们谈谈第二条规则:忽视失败。对我来说,这是我目前在工作中学到的最重要的东西。驯鲸师们的耐心和执著简直让我惊讶,他们总是对鲸鱼们的失误'视而不见'。你觉得这个对我们目前面临的问题有什么启发呢?"

马特想了想:"做到这点的确很难。我想你是说我总是在强调'小乔什每天晚上都不按时睡觉'这个事实!但如果你和我都能确保他一到该睡觉的时候就困,我想我们根本就没强迫他睡觉的必要。直接把他扔到床上,不管他怎么叫,我们都不理他就行了。"

"千万不要当着他的面谈论他的这些哭闹。"艾米补充道。

"嗯,好,这就叫忽视失败。"马特说道,"第三条规则是奖励成功。这是什么意思?是说只要他头天晚上好好睡觉,我们第二天一大早就要大张旗鼓地表扬他吗?"

"完全正确,"艾米回答道,"尤其是在刚开始的时候。千万不要错过任何表扬他的机会,哪怕只是一点点的进步,也要表扬。这是所有策略中最重要的一点。前面两条只是在为第三条做准备,只要他一做对某件事情,我们就要热情地拥抱他,给他一些惊喜。每次只要小乔什老老实实地上床睡觉,我们就要想尽办法让他感觉良好。"

马特耸了耸肩:"不得不承认,这的确有意思。"

艾米的眼睛立刻亮了起来:"就像克林特今天说的那样,成功并不是直接冲到终点线,而是一系列的小步骤,我们要观察和奖励他的每一点小进步,要让他对自己刚才的行为产生良好的感觉,哪怕只是一点点进步。所以说,成功并不一定是一次就做到完美无缺,我们可以一点一点地鼓励他。"

"也就是说,如果乔什乖乖上床了,"马特说道,"我们不

第 2 章
床畔华尔兹

必等到第二天早晨再奖励他。每次只要他在上床之后保持安静，我就可以告诉他，'你今天真乖，这么安静地上床睡觉，爸爸真为你感到骄傲。你这么做，对爸爸妈妈的帮助真的很大！'"

艾米笑道："看来你真明白了，我的大专家。"

"值得一试，"马特说道，"反正我们现在也没有找到其他更有效的办法。"

当天晚上，艾米和马特认真地作了计划。小乔什仍像往常一样在上床时挣扎一番。当两口子坐在客厅里，听着卧室里传来小乔什的哭声时，艾米说道："我今天去接小乔什的时候，他看起来很困，所以我到家后就跟他玩了一会儿。他现在应该很累了，不用管他。"

"在海洋世界，他们会强调沟通的重要性，所以今天白天的时候，我跟乔什谈了谈睡觉时间的问题。我趁他玩得正高兴的时候，很自然地和他谈到这个问题。我告诉他，'今天晚上上床睡觉会是一件很有趣的事情。'在把他放到堆满小玩具的床上时，我说道，'小狗狗和拉尔夫看到小乔什跟他们一起睡会很高兴的。'"

马特点了点头："我们都做到了——让他到很晚才睡，在临近睡觉前减少噪音，停止那些剧烈的活动。然后我还给他读了他最喜欢的故事。他依偎在我怀里的感觉真的很好。"

"这或许是人生中最珍贵的经历，"艾米说道，"把他放到床上之后，我一定会让他的玩具朋友们依偎在他身边。我在跟

虎鲸们打交道的过程中学到的一点就是,虽然按部就班地规律作息是好事,但实施起来千万不能生搬硬套。我们都希望乔什的生活能够规律一些,但同时我们也得学会时不时地变换点花样,免得他形成一些固定的期待。"

"我明白了,"马特说道,"我们不能总是给他讲同样的故事,故事的长度也不能总是15分钟。或许我们应该时不时地换其他的方式,不能总是讲故事。"

"是的。"艾米表示同意。

这时他们听到小乔什房间里传来了低沉的叹声,最后逐渐变成了轻轻的呼噜声。

马特长舒一口气:"我们一次都没进去。这跟以往可真是太不同了!我以前总是害怕哄他睡觉,今天虽然只是实施新计划的第一天,但我觉得开始有控制感了。"

"别忘了最重要的第三条规则,"艾米说道,"只要他一老老实实上床睡觉,我们就要立刻大肆表扬他一番,唤起他对这件事的注意。"

马特笑道:"他刚睡着,我可不想现在就把他叫起来,告诉他'干得好,宝贝!'"

艾米大笑道:"不是,我是说以后,每天晚上,我们都要认真地表扬他的每一次进步。只要小乔什按时上床,我们第二天早晨的第一件事就是告诉他,我们多么为他感到自豪。"

"我想我开始明白为什么你们的这些做法会有效了,"马特

第2章
床畔华尔兹

若有所思地说道,"让我感到吃惊的是,很多父母都在采取完全相反的做法——他们总是留意自己的孩子做错了什么,而忽视他们做对的那些事情。我想这样会不知不觉地让我们的孩子、员工或者配偶只盯着别人的失误和不足。"

此后每天晚上,艾米和马特都会重复之前的做法,帮助小乔什改变上床习惯。他们开始看到小乔什逐渐进步,当然,每次进步之后,小乔什都会得到各种形式的奖励和表扬。两个星期之后,乔什基本上可以顺利地按时入睡了。毫无疑问,上床之前的一个小时是他最受瞩目的时刻,他也很享受父母对他的赞美。

艾米跟乔什在日托中心的老师商量好了,会在午睡时间让小乔什做一些比较安静的活动,让他保持清醒。似乎一切都进展顺利,只有一件事情例外。

还是婴儿的时候,乔什就坚持要求每天晚上让妈妈抱他上床。一天晚上,艾米有事在外面参加一个会议,要很晚才能回家,所以整个晚上都只能由马特在家照顾孩子。一切都很顺利,故事讲完了,马特告诉乔什该上床睡觉了。就在这时,小乔什突然开始大闹起来。当艾米回到家里时,她发现马特正筋疲力尽地坐在沙发上,乔什的房间里传来声嘶力竭的哭声。

"我一直忍着不进去,差点没把自己捆在沙发上。"马特说道。

随后几天,艾米和马特一起抱乔什上床。然后他们开始轮换着抱他上床。没过多久,乔什就不再关心是谁把自己抱到床上了。

后来,当上床变成乔什一天中最开心的事情之后,艾米开始告诉乔什:"我想你今天一定可以在上床之前整理好所有的玩具!"让艾米感到高兴的是,乔什立刻忙活起来,开始四下里收拾玩具,把它们放到适当的地方。乔什每放好一件玩具,艾米就会大笑着鼓掌。

"好了,现在你已经很困了,该上床睡觉了。"乔什忙完之后,艾米说道。又经过几次表扬和奖励之后,整理玩具逐渐成了乔什上床之前的常规活动。

一天晚上,艾米和马特开始总结这段时间的经验。"如果一开始我们就选错了方向,那么一切都会向着相反的方向发展。"马特说道。

"是这样的,"艾米表示同意,"但只要弄明白了到底该怎么做,任何时候补救都不算晚。"

"就算是用了这些鲸鱼哲学,"马特的声音里透着一丝焦虑,"我还是感觉事情的进展比我想象的要慢。"他叹了一口气,"你觉得我们是不是比其他父母落后许多了?我们的孩子……你知道……现在才学会这些是不是有些不正常呢?"然后他很快又

第 2 章
床畔华尔兹

说道,"现在担心这些事情实在没有必要,对吧?"

艾米笑着拍了拍丈夫的肩膀:"的确没必要。事实上,我问过克林特这个问题。他的回答是,'别着急,也别跟其他父母比较。乔什的任何表现都是正常的。'"

> 鲸鱼哲学笔记

上床睡觉时间

创造条件，帮助孩子成功

确立一套固定的流程可以有效地让孩子安静下来，帮助他从白天的活跃过渡到夜晚的安静。这套流程应该让孩子从吵闹转为安静。比如你可以给他洗个温水浴，放一些轻柔的音乐或摇篮曲，再准备一杯白开水，免得孩子因为口渴再爬起来。最重要的是，要让孩子感觉上床睡觉是一件开心的事。你需要每天重复这套流程，但可以在活动的长度和频率上根据孩子的喜好作些调整。如果你的孩子有睡午觉的习惯，一定要让他把午睡的时间尽量缩短。

忽视失败并（或）重发指令

要想把孩子的注意力从那些负面的事情上转移开，你可以选择一些新的方法，比如你可以把注意力放在孩子做对的那些事情上。你所选的新方法必须很容易实施，适合孩子的年龄和发育特点，而且适合孩子的喜好。比如温水浴可能就是一个不错的选择。如果你的孩子有些犹豫，不妨先把他的小手放到水里试试，然后再放脚，直到最后他整个身子都坐进浴缸里。如果孩子拒绝温水浴，你可以先拿一个他最喜欢的小玩具放到浴缸里，然后一边给玩具洗澡，一边告诉孩子这玩具多么喜欢被洗得干干净净。这时你可以邀请孩子跟你一起给玩具洗澡，并表扬他的这种做法。再举个例子。你可以请孩子把卧室里的灯调暗。如果他拒绝，你可以告诉他泰迪熊多么喜欢把灯光变暗一些，让他看到灯光变暗之后泰迪熊变得多开心。（"你看，这多好玩啊！"）

奖励成功

每次孩子对你的行为表示出兴趣、关注，或者参与你的活动时，你都要对他进行奖励。举个例子，当你的孩子帮你给玩具洗澡时，你可以奖励他一个拥抱或口头表扬他。当他帮助你完成每晚上床之前的事情时，你可以奖励他一个鲸鱼标志。如果合适的话，你可以用表格记录下他每天睡觉和起床的时间。用不同颜色的笔画出那些比较顺利的时候，然后跟孩子一起庆祝。如果孩子整晚都睡得很安稳，不妨大大地奖励他一番。

第 3 章
A-B-C 通行法则
鼓励才是最重要的

> 当人们做对某件事情时，通常不会有人注意到。往往都是在他们一做错某件事情的时候，周围的人就会突然跳出来大加指责。

Whale Done Parenting
How to Make Parenting a Positive Experience
for You and Your Kids

接下来的这个星期，总教练克林特还会给大家上课，艾米也很渴望能学到更多东西。

艾米花了一早上的时间跟乔迪学习鲸鱼食谱的知识。

艾米一边用水桶往水池里倒进各种小鱼，一边问道："我想这里的水温应该跟海洋的水温差不多吧？"

乔迪微笑着说道："52华氏度（约11摄氏度），你一下水就知道了，就算穿着防水服你也能感觉出来。"

临近中午时，艾米跟其他两位实习生共进午餐，这时克林特走了进来。

"有一点非常重要，"克林特说道，"那就是反馈。大多数人都不会主动提供反馈。想想看，上次有人对你说，'嘿，我发现你喜欢用那种方式做这件事，你试过这么做吗？'大多数情况下，每次一个人做对某件事情时，周围的人都不会说什么。只有在公司的年终或年中总结时，他才会听到一些评价。但另一方面，一旦他做错任何事情，周围的人就会像抓贼一样立刻跳出来。"

"在海洋世界，我们的做法截然相反。我们会即时提供反馈，无论人与人之间，还是人与动物之间，都是如此，而且所有的反馈都是建设性的。不过我们并不是要时刻留意身边的人做错

第 3 章
A-B-C 通行法则

了什么,而是要留意他们做对了什么。提供反馈的目的是帮助你进步,并成为一名成功的驯鲸师。即便是出了错误,你也只需要重新调整自己的行为,回到正确的轨道上就可以了。"

随后克林特开始逐一介绍坐在后排的几位驯鲸师。"这是杰瑞德,那是金姆·李,还有布雷达,他们都是有着丰富经验的驯鲸师。他们三位将分别担任你们三个人的教练。每位教练将手把手地指导,并时刻留意你们的进步情况,调整你们的工作,确保你们在正确的轨道上前进。一段时间之后,我们会调换教练,这样你们就可以接触到各种不同的观点,学到更多经验。"

艾米看了看三位身着黑色防水服的驯鲸师,她们看起来都很专业,艾米很清楚,无论跟谁分在一组,自己都会很开心。她曾经多次坐在观众席里看着这些驯鲸师的表演,十年来,这些人一直都是她的偶像。

艾米的教练是金姆·李,她一脸鼓励的微笑,带着分配给自己的实习生开始工作。艾米注意到史蒂夫的教练是杰瑞德,而洛雷娜的教练则是布雷达。三对师生分开之后,开始各自绕着水池走着,一边走,教练们一边讲解。

当金姆·李和艾米走向较远的那个水池时,金姆做了个手势,一头巨大的虎鲸立刻游了过来。看到这头庞然大物反应如此迅速,艾米不禁大吃一惊。

"来见见我的朋友图坦。"金姆·李一边说着,一边跪下来抚摸着鲸鱼的脑袋,好像在抚摸自己的孩子。毫无疑问,金姆

Whale Done Parenting
How to Make Parenting a Positive Experience
for You and Your Kids

对图坦有着很深的感情。"来，图坦，跟艾米打个招呼。"图坦立刻抬起巨大的脑袋，向着艾米点头，好像在跟她握手。

就在她们绕着水池走动时，艾米说，"我注意了一下你刚才指挥图坦跟我点头时的手势，真是太灵验了。你是怎么训练它完成那样的把戏呢？"

金姆·李转过来看着艾米微笑着说道："你的观察力的确很敏锐。在跟这些动物打交道时，一定要善于观察。有件事情我必须澄清一下。你刚才说它是在玩把戏。当人们看到虎鲸在完成某个动作时，他们都会把它说成是把戏，但我要强调，你可千万不要认为我们是在跟观众或动物玩把戏。我们是在对方身上寻找一些积极的行为，并给予相应的奖励。"

艾米感觉自己正在接触一种全新的思维方式和观察方式，这种方式对她来说既陌生又熟悉，听起来既深奥又简单。她在研究生院攻读心理学时曾经接触过这些理念，她一直想知道人们是如何将其应用到现实生活中的。在海洋世界，似乎这些理念已经成了非常实用的工作策略。

金姆·李说道："要想训练一头虎鲸做到这一点的确要花很长时间，但其中绝大部分时间都是在培养人与虎鲸之间的信任。在这个过程中，我们会刻意地忽视它们的失误，奖励每一次成功——哪怕是小小的改进。这可是一门学问。"她停顿了片刻，然后接着说道，"从长远来看，在做这件事的过程中，有两点非常重要，耐心和坚持。你必须不断地反复训练自己的耐心，

第3章
A-B-C 通行法则

千万不要着急,不能有一丝一毫的焦躁。一旦耐心快要用尽,你就要发挥坚持的力量了。"

在当天下午的理论课上,克林特·乔丹在黑板上写下了这样一组等式:

A = 刺激物(activator)
B = 行为(behavior)
C = 结果(consequence)

克林特解释道:"这是一种有助于我们塑造鲸鱼行为的思维方式。A代表刺激物,它的作用是刺激鲸鱼做出我们想要的某个行为;B代表我们想要的行为;C代表结果——也就是随后发生的事情。你们觉得哪一点最重要?"

史蒂夫说:"我想应该是A,因为你必须为鲸鱼的成功创造条件,必须学会各种手势。"

"不错,"克林特说道,"这个的确很重要,但并不是最重要的。"

"应该是B,行为。"洛雷娜充满自信地说,"别忘了,这才是我们想要的东西。"

"没错,"克林特说道,"但它仍然不是最重要的。"

每个人都把目光转向艾米,好像已经轮到她了。"嗯,那就是C吧,结果?"她小心翼翼地说道。

"你是怎么想到这一点的?"克林特一本正经地问道,所有人都大笑起来。"真的,为什么是C呢?我们要花那么多时间来训练鲸鱼的行为,可为什么最重要的反而是它完成某个行为之后的事情呢?"

"因为C的本质就是奖励,"艾米说道,"动物们会把奖励跟自己的行为联系起来,这样它们以后就会有动力继续重复这些行为。"

"一点没错。"克林特说道,"当你把这一法则应用到工作场所中时,你就会发现事情并不像我们想象的那样发展。当人们做对某件事情时,通常不会有人注意到。往往都是在他们做错某件事情时,周围的人就会突然跳出来大加指责。在这个过程中,他们需要继续自己正确的行为,却丝毫不会得到任何的鼓励,你们觉得是这样吗?"

大家纷纷点头,并给出了一些例子。艾米想起了她之前的几份工作,似乎都是这种情况。

"难怪人们不愿意去做更多的工作。"史蒂夫说道,"好像大家都是不求有功,但求无过。"

"所以我们一定不要去留意那些做错事情的人或动物。"克林特说道,"而是要用心留意他们做对的事情。我相信,如果

第 3 章
A-B-C 通行法则

在跟家人或朋友们相处时能做到这一点,你们一定会更加融洽,大家都很开心,你也会很开心。"

整个上午,艾米都在回味克林特讲的 A-B-C 原则,这时她不禁想起了自己的同事洛雷娜。艾米感觉洛雷娜从一开始就不喜欢自己,但她不知道究竟是为什么。洛雷娜整天一脸苦相,艾米自言自语道,相信她跟谁都不会相处得很好。

在听完了克林特讲的关于"忽视负面"并"强调正面"的道理之后,艾米发现自己在对待洛雷娜的问题上做得不对。我很可能会和她一起共事很长时间,艾米暗自想道,我不妨在她身上试验一下克林特的办法。我要主动对她好些。如果她对其他人也像对我这样的话,相信很少有人会对她好。艾米决定留意观察洛雷娜的行为,看看她做对了什么事情。

午饭时分,艾米终于找到了机会。洛雷娜通常不会坐在艾米对面,但今天只有艾米对面的座位是空着的。大家像往常一样闲聊了几句三明治和饮料,然后其他人开始陆续散去。由于洛雷娜的午餐送来比较晚,所以她只好坐在那里吃完午餐,一边吃着,她一边刻意地回避着艾米的目光。

"我一直想告诉你,"艾米说道,"你最近的提问和发言对我很有帮助。"

洛雷娜抬起头看了看艾米，似乎有些不太相信。"真的吗？"她皱着眉头说道。

"真的。你今天提出的关于鱼类体内的营养成分问题非常有趣，它引起了大家关于卡路里的讨论，并最终谈到了海洋环境的变化。真是太棒了！我每次买食品的时候都会留意上面的标签，可我从来没想过给鲸鱼的食物也应该留意营养成分问题。"

洛雷娜向远处看了看，说道："这倒很有意思。"

"你从哪里学到这些东西的？"艾米继续问道。她发现自己不仅已经下定了决心要改变洛雷娜对自己的态度，而且她还真的对这个女人产生了浓厚的兴趣。

"我在大学里学的是化学专业，后来又在一家医院的食品研究实验室工作过几年。"

"那你为什么来这里呢？"

洛雷娜叹了口气。但她显然意识到艾米是一个不错的谈话对象。于是她转向艾米，继续讲述自己的故事。

艾米一边听着，一边点头微笑，时不时地提出一些新的问题，她发现洛雷娜开始慢慢地放松警惕。很快，集合时间到了。她们站起身来，一起向训练场走去，洛雷娜诚恳地说道："抽时间一定要跟我讲讲你的故事。"

艾米想，这家伙可真是不好对付。可能她的母亲从来不懂得聆听她讲话吧，但事情也并没有那么难办。我会一直努力，就算是为了验证 A-B-C 法则的效果吧！

鲸鱼哲学笔记

如何用鲸鱼哲学跟同事相处

创造条件，帮助孩子成功

鲸鱼哲学适用于所有年龄段。因为我们每个人都希望得到别人的关注、赞同以及接受。正如我们在《鲸鱼哲学：积极关系的力量》一书中谈到的，由于工作场所中的人际关系通常比较理性，所以积极的反馈在这种环境下尤其有效。很多专家认为，造成职场工作效率低下、士气低落的一个主要原因就是人与人之间的沟通和互动存在问题。那些懂得鲸鱼哲学的人知道该如何培养人与人之间的信任、合作和责任感。作为同事，如果你能够学会发现并认可同事的某些行为，就会大大有助于形成一个积极的工作环境。总而言之，只要能够彼此忽视对方的失误，认可对方的正确之处，人与人之间的关系就会变得更加紧密。

忽视失败并（或）重发指令

每次发现有人做出你无法接受的行为时，尽量忽视它——这样做，可以大大改进你们之间的关系。如果实在无法忽视对方的某种行为，不妨把责任归咎到自

己身上("可能是我没跟他说清楚,我可以再说一遍。"),告诉对方到底怎样做才是对的。一旦发现对方感到不安,千万不要试图去讲道理。立刻停止谈话,等到双方情绪平静下来之后再重新沟通。过一段时间之后,如果有必要,你可以重新提出这一问题,并征求对方的建议。记住,在强调某个想法,或者就某个问题征求对方的建议时,一定要让对方意识到这样做对他们有某种意义。

奖励成功

在家庭教育、学校教育、培训或者管理过程中,那些做得好的人往往得不到任何反馈。他们身边的人会认为这是理所当然的事。"她只是在完成自己的工作而已。""给他发工资就是让他们干这个的。"人们总是很容易注意到各种问题和失误,却很难注意到别人做对了什么事情。相比之下,鲸鱼哲学却会强调人们做对了什么,这样不仅可以赢得对方的信任,而且可以让对方有动力继续做得更好。可能这是因为人们很少会得到鼓励和表扬,或者说是因为我们都希望能出色地完成工作,希望得到关注,一旦别人注意到我们的成绩,我们就会更加努力,把事情做得更好。

第 4 章
重发指令策略
纠正孩子的负面行为

绝对不要试图跟哭闹中的孩子讲道理,这样做毫无意义。千万不要在此时给予关注,否则只会鼓励他继续哭下去。

Whale Done Parenting
How to Make Parenting a Positive Experience
for You and Your Kids

"**真**糟糕,图坦怎么就不明白我的意思。"

这是一个炎热的下午,艾米想尽了办法让图坦绕开从水池通往表演池的闸门(海洋世界的虎鲸水池分为两部分,前半部分是面向观众表演用的区域,后半部分是虎鲸平时休息的区域,中间用栅栏隔开。——译者注),可就是没有成功,尝试了多次之后,艾米不禁有些灰心。每次当其他鲸鱼冲往表演池时,图坦就会猛撞闸门。艾米决定去办公室找自己的教练金姆·李好好谈谈。

"嘿,这到底是我的问题,还是图坦太笨了?"她说道。

"怎么回事?"金姆问道。

听艾米说完之后,金姆不禁微微一笑。"图坦一看到其他伙伴们都往外冲,它就会变得兴奋,因为它知道闸门外面一定有什么有趣的事情。"

金姆·李的口气充满耐心和理解,一下子让艾米已经动摇的信心重新坚定下来。她发现自己并没有从图坦的角度来考虑这件事情。"那么说,我该怎么办呢?"艾米问道。

"当一头虎鲸出现这种情况时,我们首先应该怎么办?"金姆反问。

艾米深呼吸了一口,若有所思地回答道:"找原因?"

第4章
重发指令策略

"不错。就你刚才说的情况而言,图坦之所以撞闸门,是因为它知道闸门那边一定很有趣,其他鲸鱼都在游往闸门那边,只有它独自被留下来。所以你可以想想看,你该怎样才能让它心甘情愿地留在这边的水池里呢?"

突然艾米好像想到了什么。"啊哈,"她说道,"让它感觉只要留在闸门这边就可以得到奖励。"

金姆·李微微一笑,竖起了大拇指。"奖励好的行为是非常重要的。"她说道,"除非时刻留意,否则你很容易错过表扬它的机会。"

跟往常一样,没过多久,艾米就开始把自己学到的驯鲸技巧用到家里了。一天下午,她的姐姐莎朗带着两岁的女儿派蒂来看望艾米。派蒂和乔什在外面的走廊里安静地玩着,突然艾米听到门外传来乔什的哭声。派蒂手里正拿着乔什的一个玩具,乔什想去抢,可由于胳膊不够长,怎么都够不着。他的小脸憋得通红,哭得声嘶力竭:"我的!那是我的!"

"派蒂,别抢弟弟玩具,"莎朗大声命令道,"还给他。那是他的玩具。"派蒂反而把玩具抱得更紧了,乔什开始上前去抢。

艾米出手了。她单膝跪地,看着乔什的眼睛说道,"乔什,你难道不知道应该跟朋友分享你的玩具吗?"乔什看了看手里

的玩具，又半信半疑地看了看派蒂，然后他微笑着把玩具递给了派蒂。

"哦，宝贝儿，你真是太棒了！"艾米一把抱住乔什，大声说道。只见她站起身来，带着乔什来到墙上的一个表格前面，表格很低，乔什完全可以看得见。然后她从旁边的架子上拿起一个盒子，里面是一套鲸鱼标签。"你可以选一个，宝贝儿。"乔什选完之后，她让乔什把自己选的标签贴到表格上。"你刚刚跟姐姐分享了玩具，这是对你的奖励。"

过了一会儿，两个孩子吃完午饭之后——此时他们已经完全忘记了刚才的争吵。莎朗问道："你是怎么做到的呢？"

"首先，一定要提前做好计划。"艾米微笑着说，"每次乔什一开始闹脾气，马特和我就会把他带到这表格前面。不知道你注意到没有，我一直等到乔什安静下来，才让他看这张表格。一定要注意把握时间，否则你可能会不经意间奖励了他的错误行为。"

"但让我没想到的是，这办法居然见效如此之快。"莎朗回答道。

"是的，这招叫重发指令，我们在训练鲸鱼时经常这么做。具体做法是：千万不要留意你不欣赏的负面行为，而是要把孩子的注意力转移到其他正面的行为上去。"

艾米抬头看见孩子们已经吃完了，于是她开始一边打扫餐桌，一边说道："你们真是太棒了，吃得这么干净！"然后她转

第4章
重发指令策略

过头去告诉莎朗:"记住,只要一有机会,就不妨表扬孩子她做对的事情。"

在接下来一个星期的某天晚上,马特和艾米来到附近一家音像店,遇到了一对年轻夫妇带着一个跟乔什年龄相仿的小男孩。当时三个人正在走向收银台,突然小男孩看到了收银台下面的糖果架(商店管理人员故意把糖果架放到这种高度,目的就是吸引小孩子),然后他一把抓起一根巧克力棒。"不行。"父亲斥责道。

"哦,还是让他吃一根吧。"母亲说道。马特和艾米对视了一眼,好像在说:"这可真有意思。"小孩子也意识到了这样做的好处,于是立刻开始大嚎起来。妈妈赶紧抓起一根巧克力棒塞到孩子嘴巴里,好让他闭上嘴巴。事情到此并没有结束,因为这时巧克力棒突然掉到地上了。父亲捡起巧克力棒,一把扔进垃圾桶。孩子这下可真是使劲大哭大叫起来。爸爸可能感觉有些尴尬,于是赶紧拿起一根新的巧克力棒递给孩子。孩子胜利了。

在回家的路上,艾米说道:"那对父母显然是在鼓励孩子的错误行为,这就是很好的例子。"

"好像关键还是在妈妈,孩子刚一哭,她就给了孩子一根

巧克力棒，"马特说道，"我一眼就能看透孩子在想什么。他肯定在想，'嗯，下次再想要什么，还是用这招。'"

"一点没错。"艾米说道，"妈妈强化了孩子的这种行为。这孩子的小脑袋里会立刻记下这件事。孩子都很聪明。他知道自己只要在公共场合一闹，爸爸妈妈就会立刻满足他的要求。"

马特说道："你觉得那对父母该怎么办呢？"

艾米想了想："我觉得如果父母能够在孩子刚一碰巧克力棒的时候就作出正确的反应，那一幕就完全可以避免。爸爸或妈妈可以把巧克力棒从孩子手里拿走，蹲下身来，用一种平静的商量的口气告诉孩子，'如果这么做的话，你就什么也得不到。但如果你能学会跟爸爸妈妈商量一下，你就有可能得到一根巧克力棒。'这样就给了孩子一个选择权，如果他当时就这么做，妈妈就可以把巧克力棒给孩子，作为他刚刚作出了一个正确行为的奖励。还有，那孩子刚开始哭的时候，爸爸妈妈应该忽视他的行为，继续自己手头的事情。道理很简单，如果孩子发现这样做毫无意义，他就会停止。只要他一停止，妈妈就可以走过来告诉他，'你看，这样不是更好吗？而且对你也好——你主动停止哭闹了！'"

马特说道："我想我明白你的意思了。父母应该清楚自己想让孩子怎么做，并在孩子作出这些行为时立刻加以奖励——即便是在公共场所也是如此。"

"是的，"艾米说道，"关键是要立刻奖励。"

第4章
重发指令策略

马特一边开车,一边陷入了沉思。最后他说道:"就算是虎鲸也可以这样训练吗?"

"是的,但情况稍有不同,因为虎鲸都是一些体型庞大,力气也很大的动物。所以清洁工作是件大事,在这个过程中,我们同样会忽视它们的那些我们不希望看到的行为。"

"我开始明白这其中的联系了,"马特说道,"我感觉现在这一切都在强化我的正确行为。"

"你说什么?"艾米问道。

"你是一个很聪明的人,我也是。我娶了个比我还聪明的老婆!"

鲸鱼哲学笔记

如何应对乱发脾气的孩子

创造条件，帮助孩子成功

如果有可能，不妨先把孩子带到一个没有任何刺激物（比如说玩具、游戏、食物或其他会引起他注意的东西）的地方，这样孩子就会安静下来。一旦他安静下来，就立刻强化这一行为。如果他此前曾经在公开场合哭闹，下次在进入任何一家商店或其他可能会对他产生刺激的环境之前，不妨平静地告诉他，你希望他怎么做，甚至可以答应他，只要他表现良好，就给予一定的奖励。

忽视失败并（或）重发指令

绝对不要试图跟哭闹中的孩子讲道理，这样做毫无意义。只要不出什么问题，你可以让他由着性子哭。千万不要在此时给予关注，否则只会鼓励他继续哭下去。一旦发现自己的做法根本不受关注，他自然就会停止哭闹。一旦孩子停止哭闹，你就告诉他，"好了，这样难道不是更好吗？"等到一切平静下来之后，告诉他，"我想跟你谈谈刚才发生的事情。"然后你可以告诉他，你希望他怎么做，说清楚这样做对他有什么好处。如果你的孩子太小，听不懂你的话，你可以用你的行为来告诉他：忽视你不喜欢的行为，多加留意你喜欢的行为。

奖励成功

如果你的孩子之前遇到类似情况总是大吵大闹，而这次却没有这样做，一定要对他的变化表示关注和奖励。如果在商店里，你的孩子能够主动把玩具放回原处，一定要立刻提出表扬，甚至给他买件礼物。对于孩子来说，没有什么比一个意外的奖励更能激励他的了。记住，千万不要总是用同样的方式来奖励，这样你的奖励很快就起不到任何作用了。一定要注意他表现出的那些你喜欢的行为，而且要想尽一切办法在第一时间发现它！

第 5 章
口味是可以培养的
孩子挑食怎么办

> 关键并不是要他喜欢这些食物,而是要让他把食物吃下去。只要养成习惯,总有一天,他会主动选择这些食物的。

Whale Done Parenting
How to Make Parenting a Positive Experience
for You and Your Kids

整个上午，艾米都在训练鲸鱼。漫长的上午过去之后，艾米和他的同事迎来了克林特·乔丹的下一课。"在海洋世界，我们非常重视第一印象。"他讲道，"我们非常在意所谓的核心记忆，也就是说，我们跟鲸鱼的每一次接触都要带给它们正面的经历，尤其是在我们开始训练它们某个新动作时。对于在座的各位也是如此。我也希望你们在这里都能够工作得开心。

"开始一份新工作时，你们首先要做的就是观察，在海洋世界，观察是最重要的事情。跟所有的科学研究一样，观察是驯鲸师成功的核心要素。一定要仔细观察和记录你所看到的一切，你就会比那些只是依靠外界灌输，或者只是凭着自己的假设敷衍工作的人进步得快且多。在了解这些鲸鱼的过程中，你们最重要的任务就是赢得它们的信任。不遗余力地观察它们，这样可以帮助你们更好地跟它们相处，因为它们立刻就能感觉到你是否懂得它们的交流方式，了解它们的生活习性，是否清楚它们的不同喜好。

"所以一定要注意观察！睁大眼睛。留心鲸鱼们彼此之间是如何交往的。它们闲暇时候都做些什么？哪些鲸鱼之间的关系最好？

第 5 章

口味是可以培养的

"举个例子,在跟鲸鱼交往过程中,我们发现它们最喜欢的行为之一就是被抚摸。刚开始时,我们发现它们总是很喜欢摩擦水池,或者是磨蹭其他鲸鱼的身体,所以我们就学会了用抚摸的方式来奖励它们。现在按摩是我们给予鲸鱼的最重要的奖励方式之一。"

午餐过后,艾米和金姆·李开始准备给鲸鱼们喂食。艾米发现里面还有一桶虾。"那是为了给它们补充营养,"金姆·李说道,"这些虎鲸就像孩子,它们也会挑食,一般不太喜欢吃这个。"

"那我们该怎么办?"艾米说道。

"我们会慢慢训练萨古接受虾,"金姆·李回答道,"让萨古游过来。"

艾米拍了拍水池壁,萨古游了过来。金姆·李准备了两个水桶,一只桶里装的是萨古最喜欢吃的鱼,还有一桶是虾。首先,她开始喂萨古一些它平时最喜欢吃的鱼,就在萨古狼吞虎咽的时候,金姆在萨古张开大嘴的时候悄悄往里面扔了一只虾,然后又扔了许多萨古喜欢的鱼。就这样,她不断交替喂给萨古鱼和虾,最后又喂了它一桶鱼。

"你看,这样不是很好吗?"金姆·李说道。艾米表示同意,然后两人开始给萨古按摩作为奖励。

"轰轰轰……飞机准备降落!"马特一边说着,一边用勺子装着一粒豆子伸向乔什的嘴巴。不幸的是,就在"飞机"还在半空盘旋时,机场突然大门紧闭。乔什不仅紧紧地闭上了嘴巴,还用力地摇头。

马特无助地看了看坐在对面的艾米。"你居然还能笑得出来,"他放下勺子说道,"看来你一定在海洋世界学到了什么办法。"

"你这么说还真让我想起了一些有意思的事情,"艾米说道,"它让我想起了前些天学过的东西。"她告诉马特自己和金姆·李一起喂萨古吃虾的故事。

"这办法时间长了还会有效吗?"马特问道。

艾米点点头。"第二天我喂给萨古半桶虾,而且喂的鱼也少了一些。当然,我也很认真地奖励了它。很快,它和其他鲸鱼就可以直接吃虾,不需要再夹杂着鱼了。"

乔什开始坐在自己的高凳子上玩勺子。

"别乱动,宝贝儿。"马特说道。然后他又把头转向艾米。"那我们该怎么办?我们怎么才能把这些豆子喂到孩子嘴里呢?"

"我们需要准备一些他喜欢吃的东西。"艾米一边回答,一边回想着自己和金姆·李喂萨古时的情形。"但不是现在。那样只会让小乔什发现规律,相当于是在奖励他的这种错误行为。"

第 5 章
口味是可以培养的

"好吧,那就下次吧。"马特表示同意。"到底给他点儿什么才能让他有动力吃下豆子呢?哦,等等,我想我知道了……"

"果酱和奶酪!"两人一起说道。

"先给他些果酱和奶酪,加颗豆子,"艾米说道,"然后交换着喂。一旦乔什可以不就果酱就直接吃下一颗豆子,我们就立刻表扬,不再要求他吃豆子。"

"换句话说,千万别逼他。"马特说道。

"是的。等到下次吃饭时再重复一遍这个过程。表扬他的每一次进步,但不要指望用一顿饭的工夫就解决这个问题。只要一次前进一小步,我们最终就会取得成功。"

第二天晚上,晚餐时间,艾米准备了一些乔什最喜欢吃的炖菜。当她盛了一盘端到餐桌上时,乔什的眼睛立刻亮了起来。艾米和马特严格按计划行事,效果好极了。

"耶!乔什!"艾米和马特同时叫了起来。

拥抱过乔什之后,马特说道:"你知道,乔什长大以后可能并不会喜欢吃我们要他吃的东西。"

"跟鲸鱼一样,"艾米回答道,"关键并不是要他喜欢这些食物,而是要让他把食物吃下去。只要养成习惯,总有一天,他会主动选择这些食物的。"

乔什上床之后,艾米告诉马特。"从那些虎鲸身上学到的最有趣的事情之一,就是我们对它们的行为所作出的反馈,也就是强化它们某个行为的方式,非常重要。"

Whale Done Parenting
How to Make Parenting a Positive Experience
for You and Your Kids

"嗯,你能说得简单一些吗?"马特问道。

艾米笑道:"也就是说,我们要想出更多奖励他的方式,需要不停地调换使用。克林特告诉我们,在海洋世界,刚开始人们奖励这些虎鲸的最主要方式就是食物。过了一段时间之后,这些鲸鱼们的反应就不那么明显了。它们喜欢食物,但如果总是喂鱼,它们的兴趣很快就会减退。工作人员们发现,鲸鱼对不同的奖励方式的兴趣是不同的。克林特说,后来驯鲸师们陆续想出了按摩、新玩具等激励方式,并且不断变换这些奖励的顺序和时间,这样就可以始终保持鲸鱼们的积极性,甚至还可以让它们在表演时更有创造性。当鲸鱼们并不知道接下来会得到什么奖励时,它们就会更有活力,更有干劲。"

"每次奖励鲸鱼时,都试着给它们带去一些惊喜,这种做法无疑是有效的。"马特说道,"也就是说,我们在奖励乔什时也要这么做,对吧?用你所说的什么方法来着……"

"改变强化方式。"艾米重复道。

"是的。我们需要用……你所说的那个……来改变乔什……"

在接下来的几天里,艾米和马特编了一套不同的鲸鱼标签,不仅如此,他们还想出了各种口头奖励乔什的办法:

"我真为你感到自豪,乔什。"

"看看你多棒!你……(竟然会自己脱衣服了)。"

第 5 章

口味是可以培养的

"太棒了,宝贝!"

"你知道这对妈妈帮助有多大吗?"

"看到你……(主动吃完所有的蔬菜),我真的很开心。"

"我会告诉你爸爸,你今天有多棒。"

"我喜欢你……(跟朋友和睦相处的样子)。"

"看到你……(自己会用那个马桶了),我真的很开心。"

"乔什居然懂得……(自己整理玩具了),真棒!"

他们还一起改进了鲸鱼标签的设计,用一个小篮子装满了乔什喜欢的各种小玩意儿。艾米做了一个乔什能够得着的小布包,里面装了一些干果和其他零食。通过坚持自己不断改变奖励方式的计划,每次他们都会对乔什的行为作出积极的反应,乔什每次都不知道自己会得到什么样的惊喜。有一次,乔什主动吃完了盘子里的东西,爸爸妈妈立刻进行了口头表扬;还有一次,他在上床睡觉时表现得非常听话,妈妈就给他讲了一个新的小故事,主人公也叫乔什。

鲸鱼哲学笔记

快乐的用餐时间

创造条件，帮助孩子成功

吃饭应该是一件开心的事情，但如果孩子总是挑食，拒绝家长为他们准备的健康食物，做父母的也会头疼。不妨现在就开始想办法，帮助孩子把用餐变成一个快乐的过程。要有创意！要想办法让孩子饿会儿肚子（饭前最好不要给他零食或牛奶）。吃饭的时候不要给孩子太多甜品——你可以在孩子吃完之后再给他些甜品作为奖励。记住，千万不要操之过急，每次改变一点点，慢慢来。

忽视失败并（或）重发指令

如果你的孩子把吃进口的东西吐出来，不妨换个办法。（比如，为了让乔什喜欢吃豆子，艾米买了一些带壳的豆子，让乔什帮她一起剥，慢慢培养乔什对豆子的兴趣。）可能的话，不妨告诉孩子保持食物多样性究竟会有哪些好处。用一些特殊的方式介绍每一种食物，记住，你是在帮助你的孩子培养一种一生受用的好习惯。还有，要学会以身作则，你的行为远比你的话语更有说服力。千万不要让孩子感觉你言行不一。

奖励成功

一旦孩子克服了对某种食物的厌恶，开始吃的时候，一定要大肆表扬。哪怕一点小小的进步也值得鼓励。在很多时候，父母们喜欢用食物来奖励孩子，结果孩子们一旦做对事情，就知道自己会得到这样的奖励。一定要不停地变换奖励方式——口头表扬、零食、玩具、满足他的某个特殊要求等。不妨考虑使用鲸鱼表格，或者在孩子睡觉前多给他讲个故事，或者给他准备一些有粘贴画或其他小玩意儿的布包，每次孩子表现良好时，就从包里拿出一件奖品给他。

第 6 章
断奶的故事
如何消除孩子对舒适物品的依赖

不要把所有玩具一股脑儿都给孩子。把它们装到不同的篮子里，每次拿出一个篮子，时不时地换个顺序。

Whale Done Parenting
How to Make Parenting a Positive Experience
for You and Your Kids

这天是星期六,艾米要上班,于是她和马特决定带乔什去海洋世界。第一次这么近地看到黑白相间的庞然大物在表演,乔什的眼睛瞪得像碗口那么大。欣赏完表演之后,马特和乔什去后台找艾米。艾米的大多数同事都见过艾米的丈夫和孩子,所以他们一看到乔什就开始围了上来,纷纷感叹孩子居然一下子长这么大了。

艾米跟金姆·李请示是否可以让马特和乔什观看她们是如何帮助塔特的鲸鱼宝宝卡根断奶的。当艾米给塔特喂食时,这位鲸鱼妈妈叼了一些小鱼,丢给了自己的宝宝。卡根一开始把小鱼推开,尝了两口,然后又吐了出来。每次看到鲸鱼宝宝吐出小鱼,小乔什就用手指着哈哈大笑。

"看来卡根只是在玩自己的食物啊。"马特说道。

"是的,"金姆·李说,"鲸鱼宝宝们大概三个月时开始长牙,这时鲸鱼妈妈开始给它们喂些小鱼。过了一段时间之后,鲸鱼宝宝才会彻底断奶。现在塔特就会给它一些鱼儿玩。当然,我们也会想办法帮助卡根逐渐喜欢新的食物。当卡根再长大一些时,它就会咀嚼这些小鱼,直到开始直接吞食。就这样,它很快就可以彻底脱离妈妈的奶水,自己进食了。"

第6章

断奶的故事

"它总是粘着妈妈,对吧?"马特说道。

"是的,"艾米表示同意。"断奶的过程中,它会开始自己四处游荡,探索外部的世界。当它完全断奶,并对周围的环境充满自信时,它就会离开自己的妈妈。这时我们就会给卡根一些小鱼、玩具或者我们亲自下水,设法吸引它把注意力放到我们身上。等它游过来之后,我们就会抚摸它——也就是给它做按摩。按摩是小鲸鱼们最喜欢的事情。我们所做的一切都是为了让它在陌生的环境里感觉越来越安全。但跟人一样,鲸鱼宝宝的妈妈们会时刻严密观察自己的宝宝,确保它们不会游得离自己太远。我们必须跟这些鲸鱼保持良好的关系,这样鲸鱼妈妈们才会放心让我们照顾它们的孩子。"

观察了一会儿之后,马特说道:"我得带乔什回家了,不过我今天看到的一切都很棒。我学到了很多东西。事实上,我想我会用今天学到的东西让这个小家伙不再那么依赖橡皮奶嘴。"

"太好了,马特。"金姆·李说道,"我也是做妈妈的,跟艾米一样,我从工作中学到了很多做父母的技巧。A-B-C法则对于动物和人类同样适用。一定要认真思考'橡皮奶嘴'背后的心理。不管是人还是动物,它们总是喜欢嘴里含着橡皮奶嘴,因为他们内心总是缺乏安全感。要想给他们断奶,我们必须保持耐心,逐渐用其他能够满足他们这一心理需求的东西来替代奶嘴,直到他们最终放弃奶嘴。"

"听起来很棒。"马特说道,"谢谢你,金姆·李。"

当天晚上，艾米开会到很晚，回到家里时，小乔什已经睡着了。马特迫切地想要告诉艾米，自己是如何采用新策略改变乔什的。"你知道乔什总是离不开这些橡皮奶嘴吧？"他说道，"我今天在海洋世界了解到，小孩子之所以需要一些能够带给自己舒适感的东西，是因为他们内心总是缺乏安全感。于是我在开车回家的路上让小乔什一直含着橡皮奶嘴，在路上去一家五金店买东西时也是如此。在目前，我感觉还是应该让小乔什含着奶嘴。

"到家之后，我给乔什拿来了他的小毛毯，我觉得小毛毯会让乔什感觉舒服，因为我觉得他很喜欢这种被毛毯包围的感觉。等乔什接过毯子之后，我伸手跟他要橡皮奶嘴，他把奶嘴给了我。我大大表扬了他一通，他笑得很开心。过了一会儿，我让他上床睡觉，他也很配合，一点儿也不躁动，于是我又把橡皮奶嘴还给了他。他立刻安静下来，没过几分钟就睡着了。"

"亲爱的，你真是太棒了。"艾米说道，"你不只思考小乔什的行为，还认真分析了他这一行为背后的心理。方向就是对的，只要我们能坚持这样做下去。我在工作中经常这么做。每次发现这些虎鲸们有哪些地方不对劲时，我都会问自己，问题到底出在哪儿？我总能找到答案，并最终帮助鲸鱼们解决问题。干得好，亲爱的。"

第6章
断奶的故事

"必须承认，我从你的教练金姆·李那里学到了很多东西。"

艾米点了点头。"金姆·李是一个很棒的教练。她也有两个孩子，并且她还获得了儿童成长心理学的学位。能跟她一起共事真的很幸运。她在很多方面都是我的教练。"

那个星期六的下午，谢尔德莱克一家应邀去鲍勃和玛利亚·卡斯通家里烧烤。他们已经有几个星期没有见面了，艾米和马特很想看看卡斯通的儿子埃里克（他比小乔什大几个月）现在怎样了。

"我想看看埃里克是否还像以前那样总是要这要那的。"艾米说道。

"这孩子肯定让他们忙个不停。"马特表示同意。

一切都进展得很顺利，卡斯通一家雇来的一位十几岁的小孩带两个小家伙去游乐室玩。过了一会儿，两对家长决定到屋里看看孩子们玩得如何。打开门后，他们发现屋子里到处都是玩具，埃里克正坐在一堆玩具中间。一看到爸爸妈妈，埃里克立刻放声大哭。鲍勃和玛利亚费了半天劲才让他平静下来。看着小伙伴"哇哇"大哭的样子，小乔什不禁有些迷糊了，艾米和马特看在眼里，但丝毫不动声色。过了一会儿，在开车回家的路上，马特和艾米谈起了刚才的事情。

"我说,"马特说道,"他们给埃里克太多玩具了,对吧?"

艾米耸了耸肩膀。"还没有上次乔什生日时大家送的玩具多呢。还记得吧?我们把其中的大多数玩具都藏起来了。这样乔什才不会很快对它们失去兴趣。我先挑几个给他玩,然后我会把其中一个藏起来,再给他拿出来一个新的。过了一段时间之后,当我再给他一个他很久之前玩过的玩具,他就像看到一个崭新的玩具一样地兴奋。"

马特笑道:"这也是从虎鲸们身上学到的,对吧?"

"你觉得呢?"艾米微笑着说道。

鲸鱼哲学笔记

培养一种正确对待玩具的态度

创造条件，帮助孩子成功

有时，比如假日或生日时，孩子们往往会得到很多礼物。我建议你不妨用这个机会教孩子减少对外物的依赖性。不要把所有玩具一股脑儿都给孩子。把它们装到不同的篮子里，每次拿出一个篮子，然后时不时地换一下顺序。经验证明，当你把某个玩具藏起来一段时间，然后再给孩子的时候，孩子会特别开心。

忽视失败并（或）重发指令

比如你的孩子想要一个你已经藏起来一段时间的玩具。你可以把他的注意力转向某个已经存在的玩具。当你失去某个东西时，不妨以身作则，帮助孩子培养一个好的心态。（"妈妈的确很喜欢那个东西，但丢了也就丢了吧。"）这样你的孩子逐渐就不再那么依赖外物了。如果他的某个玩具被弄坏或丢失了，你可以教他说"那个玩具的确曾经让我很开心"。除了玩具之外，同样的技巧也适用于某些愉快但很短暂的体验，比如说旅行或一些特殊的娱乐活动。

奖励成功

　　每次你的孩子能够主动整理自己的物品时，要立刻对他大加赞扬。一定要学会指导你的孩子整理自己的玩具，当他把玩具小心地放到适当的地方时，你可以给他拥抱、小星星或者其他奖励。当孩子表现出不受玩具的吸引时，你不妨大加赞扬他。这时你可以不再奖励玩具，而是把奖励改成一张特殊的卡片或是一顿好吃的东西。

第 7 章
不只是你自己的
教你的孩子学会分享

你是在帮自己的孩子培养一种受用一生的价值观,教他懂得什么是友谊、慷慨。当你开始培养孩子分享的习惯时,就是在培养孩子的价值观。

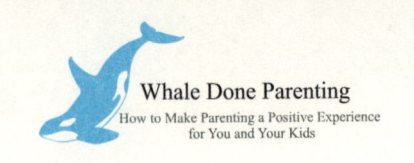

"今天我们要教会这些大家伙们学会分享。"克林特宣布。此时他已经安排驯鲸师们让一对虎鲸游到训练用的水池里。然后克林特转向三位实习生,"从某种角度来说,虎鲸就像是孩子。它们必须学会分享自己的玩具、食物等。"克林特一边说着,一边指了指不远处正在玩玩具的两头虎鲸,"除此之外,这些大家伙们还有一点也跟小孩子很相似,它们总是渴望得到别人的关注,希望能得到更多的资源。所以我们必须教会它们分享。"

这些"玩具"也都是真正的鲸鱼级的大家伙。其中有一个是55加仑(约250升)的水桶,还有一个是直径长达6英尺(约2米)的塑料球。"我们连举都举不起来,"克林特说道,"但在虎鲸们眼里,这些都是小玩意儿,它们甚至可以毫不费力地把它们顶出水面。好了,下面我们看看乔迪是如何教图坦跟塔特分享的吧。"艾米一边观察这位经验丰富的驯鲸师如何指挥图坦,一边做起了笔记。乔迪先把玩具——一个重重的绳扣——扔给图坦,图坦则用鼻子把绳扣顶了回来。"一定要记住,乔迪用的是图坦最喜欢的玩具,"克林特在一边补充道,"下一步是让鲸鱼们学会分享。"

乔迪把图坦的玩具扔给了塔特,塔特立刻开始玩了起来。

第7章

不只是你自己的

当图坦似乎要转过头去抢回自己的玩具时,乔迪做了个"不要过去"的手势。然后她扔给了图坦一个新的更大的漂浮玩具。图坦从来没见过这个玩具,于是它立刻游了过去,开始玩了起来。玩了一会儿之后,乔迪把两头鲸鱼叫到身边,把它们俩的玩具交换了一下。这样图坦就拿回了自己之前最喜欢的玩具,而塔特则有了一个新玩具。这样做的目标非常明显:让两头鲸鱼都习惯跟别的鲸鱼交换自己的玩具,以免它们过于想要占有某个东西。

吃午饭的时候,艾米坐到了克林特的身边。"我很喜欢我们今天学到的关于分享的部分。"她说。

克林特回答道:"嗯,也不是每次都这么顺利。我们必须就分享这一主题经常训练鲸鱼,尤其是每次给它们一些新玩具的时候,更是如此。"

"我经常会把很多在工作中学到的东西用来教育我那两岁大的儿子。我现在面临的最大问题也是怎么教小乔什跟别人分享,你有什么建议吗?"

克林特点了点头:"小孩子们通常不会告诉大人自己想要什么,但他们会不停地吵闹,通过这种方式达到自己的目的。我想作为家长最重要的是要主动——凡事想在前面,准备好你希望孩子学会的东西。首先我们必须理解孩子这些行为背后的原因——是为了得到关注、获取东西,然后你必须训练自己的孩子学会通过正确的方式得到自己想要的东西。"

Whale Done Parenting
How to Make Parenting a Positive Experience
for You and Your Kids

"大多数父母都希望自己的孩子能学会分享，"克林特接着说道，"但他们似乎总是在等着问题出现，只有当自己的孩子跟别的孩子发生争抢时，才会出面对孩子进行'培训'，这样做只会让孩子受到伤害，在孩子心中留下阴影。事实上，跟孩子打交道和我们训练鲸鱼一样：从一开始就帮助他们向着正确的方向发展。做好准备，让孩子向着你希望的方向培养自己的行为，千万不要等到他表现出你不喜欢的行为之后再行动。"

"还记得乔迪是怎么帮助图坦跟塔特分享自己的玩具的吗？她先给了图坦一个新玩具。对孩子也是如此。比如说你可以在孩子正在玩玩具时问他们，'嘿，可以给我看一眼吗？'或者你可以想办法让他感觉到你也想玩他的玩具。当孩子把玩具递给你时，一定要立刻大加表扬——'哦，真是太棒了，你竟然主动把玩具递给妈妈！'"

午饭之后，克林特说道，"我们去看看鲸鱼们进餐时的情况吧。"

大家一起前往另外一个水池。这个水池里住的是海洋世界里个头最大的虎鲸卡斯蒂，他们到达的时候，卡斯蒂正在跟其他几头虎鲸一起游来游去。当艾米、史蒂夫还有洛雷娜准备好喂食桶的时候，艾米注意到，其他几头虎鲸立刻游了过来，而卡斯蒂则静静地待在水池的另一端。

"那个块头最大的虎鲸怎么反而最后一个吃东西呢？"她吃惊地问道。

第7章
不只是你自己的

"是我们训练的。"克林特说道,"否则的话,其他虎鲸就根本挤不上来。"克林特看起来像是一位大师。"既然你们已经来这里这么长时间了,能说说我们是怎么训练的吗?"

三位实习生彼此对视了一眼,不禁微微一笑。"看来要给我们来个现场测试。"史蒂夫说道,"好吧,我先来。你可能先找卡斯蒂和另外一头虎鲸单独训练。你同时给它们俩食物。然后你会认真观察,一旦发现那个大家伙停顿了一下,你就立刻给予奖励。"

克林特点了点头。

艾米接着说道:"最后,你让更多的鲸鱼加入进来,每次一看到卡斯蒂等着别人先吃的时候,你就立刻奖励,直到最终它逐渐习惯最后一个进食。"

"是的,"克林特看起来对大家的回答很满意。"慢慢地,卡斯蒂就会发现,只要能主动等别的鲸鱼先吃,它就会得到奖励。只要保持积极的态度,忽视它们的错误,抓住机会给予奖励,我们几乎可以训练它们做任何事情。好了,刚才你们分析得棒极了。我请大家吃比萨。"

就在那个周末,艾米的姐姐莎朗给她打来电话,打算要来城里,顺便带着小女儿派蒂来看望艾米和乔什。艾米感觉这是

教会乔什分享的一个好机会,于是就告诉莎朗自己的计划,请她带来一个派蒂最喜欢的玩具。

第二天下午,两位妈妈带着孩子到附近一个公园散步。艾米让乔什带上了他最喜欢的米奇熊。刚开始一段时间里,两位妈妈在一旁看着两个孩子在沙坑里玩。艾米说道:"来,我们把玩具给他们,看看两个孩子会怎么做。"一切进行得很好,乔什把米奇熊放在他刚刚修建的沙路旁边,派蒂则把 Hello Kitty 打扮成了个小女孩。

艾米走上前去说道:"乔什,能给我看看你的米奇熊吗?"乔什把玩具递给了艾米,艾米说道:"谢谢你,乔什,真是太棒了!你这么痛快地就把玩具给了妈妈!"她把米奇熊还给乔什,然后示意莎朗跟派蒂重复一下自己刚才的动作。两位妈妈反复尝试了几次,每次都对孩子们的行为大加表扬。

"好了,关键时刻到了。"艾米一边说着,一边冲莎朗挤了下眼睛。然后她转向乔什,再次索要米奇熊。收到米奇熊之后,艾米提出表扬。然后她说道:"乔什,妈妈可以让派蒂看看你的米奇熊吗?"乔什看了看派蒂。然后他走上前来,一把夺走了米奇熊。艾米失望极了。可当她看到乔什转身把米奇熊亲自交给派蒂时,脸上不禁露出了开心的微笑。"哦,乔什!"艾米叫道,"妈妈真是为你感到自豪!"莎朗也跟着在一旁鼓起掌来。

现在轮到莎朗了。她刚才已经从派蒂手里"借"走了几次玩具,这次她开始重复艾米刚才的动作。只见小派蒂满脸带笑

第 7 章
不只是你自己的

地把 Hello Kitty 递给了乔什。两位妈妈立刻狂叫着表示庆祝,"耶!派蒂!派蒂太了不起了!"

鲸鱼哲学笔记

分享的乐趣

创造条件，帮助孩子成功

对于两三岁的孩子来说，玩就是他们的工作，而且也是重要的学习过程。玩耍就是这种年龄段的孩子的一种使命，所以当你要孩子跟其他人分享自己的玩具时，他可能感觉非常难以接受。如果你的孩子能够理解，你不妨提前告诉他："今天，我想看看你是否能跟你的朋友们分享玩具。"孩子成长过程中，你会不断给她更多的礼物，在这个过程中，一定要留意有哪些机会可以教他学会与人分享。正如我们在这个故事中看到的那样，要认真地寻找机会去奖励那些你认可的行为。父母本身也要以身作则，一个懂得与人分享的父母本身就是孩子最好的教练。你的孩子需要看到，你跟别人分享并从中得到巨大的快乐。建议你多多练习我们在故事中讲到的方法，每次发现你的孩子主动分享时，立刻用物质奖励和口头表扬等方式对其大加赞扬。

忽视失败并（或）重发指令

如果你的孩子拒绝分享，你可以先把其他东西给别的孩子玩，并显得非常开心。刚开始时，你可以把孩子的玩具"借"过来自己玩。慢慢地，你可以让孩子学会跟其他家庭成员分享自己的玩具。如果两个孩子都想要同样的玩具，你可以告诉他们："来，这个给你，这个给你，还有一个给我吧。好了，现在我把我的玩具给你，你可以把你手里那个给我吗？"

奖励成功

主动分享是孩子成长过程中非常重要的一步。任何近似于分享的动作，比如把玩具递给别人，让别人吃一口自己的食物等都应该得到表扬。别忘了，你是在帮自己的孩子培养一种一生受用的价值观，教会他懂得什么是友谊、慷慨。当你开始培养孩子分享的习惯时，就是在向着这个方向培养孩子的价值观。一定要记住，对于那些"类似于"分享的行为，也要大加奖励，因为这些都是向着目标前进的一小步。

第 8 章
"不可以"
一个过度使用的词语

作为父母,应当尽量减少批评、指责,甚至减少对孩子说"不可以"的频率。这会让你避免成为孩子们眼中的"坏警察"。

Whale Done Parenting
How to Make Parenting a Positive Experience
for You and Your Kids

一看见乔什正在把铅笔往嘴巴里塞,艾米就立刻大叫一声"不可以!",冲上去一把夺走。过了几分钟,乔什又拿起一个小古董花瓶,艾米又大叫了起来,"不可以!"乔什开始撅起了嘴巴,很快嚎啕大哭起来。艾米知道,这次自己一定把孩子吓坏了,但那个花瓶是祖母送给自己的,是一件非常珍贵的礼物。看着乔什伤心的样子,艾米感觉非常抱歉。把花瓶放到一个高架子上之后,她转过头紧紧地抱住乔什,直到他逐渐停止哭泣。

跟往常一样,在工作中遇到的一件事情给了这位年轻妈妈一个巨大的启示。

第二天,克林特给大家讲了自己刚开始当驯鲸师时的故事。"当时我们总是试图告诉这些上万磅的大家伙们该怎么做。想想看,这样做有多蠢!我的意思是说,我们面对的是海洋食物链最顶端的鲸鱼,但我们却在试图告诉它们哪些事情是不能做的!这有多可笑!

"让一只动物做某件事情跟让一个人做某件事情其实并没有太大区别。整个过程都不会非常顺利。真正重要的是要它们去做——并在它们做完之后给予奖励。如果想要提高自己的领导力或影响力,你的最高目标会是什么?就是让对方主动去做

第8章
"不可以"

你希望他们做的事。很多人一开始就明白这个道理，却始终没有拿出实际行动。这个失误也让我们付出了惨重的代价。因为这些大家伙们的块头和体重都很惊人，如果强迫它们去做事情，我们会经常受到伤害。

"打个比方，刚开始打算跟这些虎鲸一起下水时，我们就意识到可能会非常危险。你一定看过它们在一起玩耍时的情景，想想看，如果其中哪个人被那样撞一下，结果会怎样？我们必须教会它们不要像对待同类那样对待我们——跟它们的块头相比，我们人类简直不堪一击。刚开始时，它们很喜欢跟我们在一起，甚至不想让我们离开水面。

"我们当时并不太清楚 A-B-C 原则，所以很多做法都非常原始。我们也知道该奖励那些我们想要的行为，但还没学会忽视那些我们不想要的行为。所以我们曾经尝试过训练鲸鱼不要去做某些事情。"

大家会意地笑了起来，看来都感觉这件事非常有趣。显然，大家都是站在鲸鱼这一边的。克林特也是一直在强调这么做的荒谬性。"我们是经过许多失败之后才明白这些道理的。慢慢地，我们开始学会只奖励那些我们喜欢的行为，忽视我们不喜欢的行为。当时我们只是用食物来作为奖品，但过了一段时间之后，我们开始渐渐熟悉了它们的各种喜好，并逐渐跟它们建立了非常密切的关系。"

当天下午，艾米跟金姆·李谈起了自己的心得。"我很不

Whale Done Parenting
How to Make Parenting a Positive Experience
for You and Your Kids

愿意总是对乔什说'不可以'。但似乎他什么都想拿，而且好像情况正在变得越来越糟糕。应该有更好的办法来处理这件事吧。"

金姆·李微笑道："不知你是否注意到，我们在这里从来不会用'不可以'这个词语。"

艾米想了想。

"'不可以'往往是许多孩子从自己的爸爸妈妈那里听到的第一个词，"金姆·李接着说道，"当孩子正在开始探索未知世界的时候，父母使用太多这样的字眼只会带来更多麻烦。"

"你说得对，"艾米表示同意，"好像我最近一直在对乔什说这个词，现在每当我要他做什么事时，他也会这么对我说。现在乔什开始在屋子里四处乱走，乱拿东西了，我对他说'不可以'可以的频率也越来越高。大多数时候，乔什刚接触到什么新的东西时，这个词就会自动跑到他嘴里。"

金姆·李点了点头。"孩子就像是幼鲸，"她说道，"他们对一切充满好奇，好像要探索整个世界，嘴巴就是他们探索世界的工具。这也是我们的第一个规则——创造条件，帮助他成功的关键所在。"

艾米想了想。"换句话说，"她回应道，"我们有必要重新布置一下房间，暂时拿走那些我们不想让乔什碰到或塞到嘴里的东西。"

"是的。我和丈夫当初也是这么做的。太多的'不可以'就像是一团乌云笼罩在孩子们的头上。而且大人们说这个词的

第8章
"不可以"

时候,嗓门往往都很大,听起来也让人很不愉快。孩子们会感觉自己从来没有做对过什么事情。而且这样做也会让他们更加注意那些你不希望看到的行为。"

艾米想了一下,说道:"如果只是强调他们做错了什么,他们就会对这些行为印象深刻,你实际上就是在训练他们重复这些错误的行为。"

"又答对了。"金姆·李说道,"你不可能完全不对孩子说一句'不可以',但你可以尽量少用这个词。当我们发现孩子们不去碰某些东西,并开始因此奖励他们时,我们就会不知不觉地减少说'不可以'的频率。如果你可以减少这个词的使用频率,当你必须使用它时——比如说当你看到乔什跑到大街上,或是去摸一些非常烫手的东西时——它的分量就会大大增加。'不可以'这个词语本身并没有什么不对,但它应该仅限于紧急时刻使用。"

当天晚上,艾米跟马特聊起了自己跟金姆·李沟通的内容。两口子开始在屋子里收拾那些他们不希望乔什碰到的东西——这样的东西还真不少。然后他们又收起了所有表面坚硬或锋利的东西,以免伤害小乔什。

"这样房间里就安全了,"马特微笑着说道,"这样事情就变得容易多了。等乔什长大些,更懂事的时候,我们可以把这些东西再放回来。"

"这样我们也可以少对他说些'不可以'了。"艾米说道。

第二天,艾米被派去给一头鲸鱼做口腔检查。"病人"是卡斯蒂,艾米已经跟它建立了不错的关系。金姆·李和艾米一起走到卡斯蒂正在游泳的水池边上,金姆·李摁了下"召回"按钮。水下顿时传出了一个信号:"停止你现在的活动,回到我身边来,你会得到奖励的。"卡斯蒂立刻游了过来,艾米给鲸鱼喂了一些小鱼。然后她又给卡斯蒂发了个张嘴的信号——金姆·李曾经教过她。卡斯蒂立刻张开如洞穴般的大口,露出一排排巨大的牙齿。艾米开始熟练地重复金姆·李之前教过的动作,给卡斯蒂按摩牙床,并用水管清理它的牙齿周围。

"真是太不可思议了。"艾米说道,"我这么做她一点儿也不介意。"

"那是因为我们之前花了很大功夫来降低它的敏感度。"金姆·李说道,"首先我们教会卡斯蒂张开大嘴,然后我们渐渐开始触摸她口腔的其他部位,让她学会适应这种感觉。就这样,当我们需要修理它的牙齿时,她就会适应我们给她进行的口腔手术了。"

"降低敏感度需要很长时间吗?"艾米一边冲洗后排的牙齿,一边问道。

"肯定不能一蹴而就,"金姆·李说道,"当然,我想你肯定已经清楚了我们事先会做哪些准备工作了。"艾米沉默不语。

第8章
"不可以"

金姆·李接着又问了一句,"是吧?"这时艾米突然意识到金姆·李刚才是在问自己。

"嗯,是的。"艾米脑子转得飞快,"你首先会做很多准备工作,让卡斯蒂感觉这是一个非常有趣的过程。比如说你总是会把她叫到这个区域,让她对这里产生一种非常愉快的感情。然后当你开始训练她张开嘴巴时,你会让她习惯刷子的感觉等。"

这下轮到金姆·李沉默了。

"我说的对吗?"艾米说道,"有没有漏掉什么?"

"哦,没有,你只是忘了我们要在这个过程中不断表扬卡斯蒂的每一点进步。但既然你已经来这儿这么长时间了,我想你已经明白是怎么回事了。是的,你回答得好极了!"

当天晚上,开车回家的路上,艾米突然想到她不久就会带乔什去看牙医。到家之后,她立刻拨通了牙科诊所的电话,给牙医留言,让对方第二天午饭时给自己回个电话。

"嘿,任宁医生,"看到来电显示之后,艾米热情地说道,"谢谢您的回电。"

"嘿,艾米,"电话里牙医的声音显得非常友好,"一切都还好吧?"

"是的,一切都很好。我给您打电话,是因为我月底要带

Whale Done Parenting
How to Make Parenting a Positive Experience
for You and Your Kids

我那两岁的儿子乔什去您那里做第一次检查。不知您能否配合我一下，我们一起做个计划，安排他过几天先去您那里熟悉一下。"

"你是说让他习惯我的诊所和我本人吗？"牙医问道。

"一点没错。不知您能否把会客室的那些毛绒玩具搬到检查室里。"

牙医觉得这个计划好极了。"说实话，艾米。要是能有更多父母都想到这一点就好了。孩子第一次去诊所的经历非常重要，但不管我多么努力地表现得友好，情况最后还是一团糟。"

他们聊得越多，任宁医生就变得越激动。"是否要调整一下音乐呢？"他说道，"是否要播放一首乔什最喜欢的音乐？他是否有一些特别喜欢的东西，这样我们可以按照他的喜好来安排一下检查室？"

等到谈话接近尾声时，两人达成共识：要让乔什穿着超人的衣服，同时艾米还会带一首乔什穿着超人服装时她经常会播放的音乐。他们还会把乔什的米奇熊放到检查台上，这样乔什就可以爬上去给米奇熊做口腔检查。这次拜访的目的是熟悉环境，重点在于让乔什喜欢诊所。

效果好极了。艾米和任宁医生确认下次带乔什检查的日期是两周之后，然后他们相互眨了一下眼睛以示庆祝。

"你喜欢任宁医生吗？"回家的路上，艾米问乔什。

"喜欢！"乔什兴奋地回答。

艾米脸上露出了微笑，并在内心暗自表扬了自己一下。

鲸鱼哲学笔记

尽量少说"不可以"

创造条件,帮助孩子成功

作为父母,应当尽量减少批评、指责,甚至对孩子说"不可以"的频率。这会让你避免成为孩子们眼中的"坏警察"。有时候在对孩子说"不可以"之前,你可以喊一声孩子的名字,并告诉他你希望他做什么。将房间里你不希望孩子碰到的东西统统搬离,这样也可以帮助你减少对孩子说"不可以"的频率。在把孩子带进一个新环境时,一定要让他感到快乐,就好像艾米第一次带乔什去看牙医时一样,这样可以帮助孩子更加容易适应新环境。一定要保护好孩子的核心记忆——他们总是会用第一印象去对某个人、某件事或某个环境进行定位。

忽视失败并(或)重发指令

如果你看到孩子拿起一件你不希望他拿的东西,不妨用玩具或其他东西来转移他的注意力。在那些不太确定的环境,比如说看医生时,孩子们会观察父母的反应。如果你保持冷静和放松,显得很喜欢眼前的

环境，孩子就会模仿你。

奖励成功

一旦发现孩子听从你的指示，没有去碰那些你列为"违禁品"的东西，就立刻大加奖励。奖品可以是一个鲸鱼标签，一套蜡笔，或者其他小东西。一定要马上奖励，这点非常关键；一定要随身携带这些小奖品，或者至少放在那些拿起来比较方便的地方，这样你可以随时进行奖励。带孩子看医生之前，不妨来一次有趣的"预先造访"，一旦孩子喜欢这里的感觉，并同意下次来一次"真正的拜访"时，立刻准备庆祝。

第 9 章
分享心得
不同年龄段的鲸鱼教育法

父母们通常只会留意孩子们所犯的错误,并想办法阻止他们继续犯错。而要想留意他们做对了什么,那就要花费更多时间和精力了。

Whale Done Parenting
How to Make Parenting a Positive Experience
for You and Your Kids

跟很多现代社区一样,谢尔德莱克一家所在的社区里,大家彼此之间也不太熟悉。家长们毫无例外地都有工作;他们白天在外,只有到晚上和周末时才和家人们在一起。虽然艾米和马特跟自己的邻居也都很熟悉,但如果不是邻居在他们搬进来后安排了一场聚会,他们可能至今还不认识其他邻居。

每隔几个月,社区里就会有人张贴通知,写明下一次社区聚餐的具体时间,以及地点。大家都很喜欢这些聚会,马特和艾米也很高兴能参加这些活动,认识周围更多的邻居。可让他们万万没有想到的是,他们竟然会在这次社区聚会上教其他人学习用鲸鱼哲学教育自己的孩子。

在带着小乔什去参加聚会的路上,马特和艾米看到一群人正在路边聚餐,桌子上摆满了食物,人们兴奋地一边吃东西,一边聊天。一家三口刚要把自己带来的炖菜放到桌子上,突然有一对年龄比他们稍大的夫妇走上前来。

"嘿,"丈夫说道,"我是泰德·威尔金斯,这是玛吉。"威尔金斯一边说着,一边指了指马路对面的房子。"我们就住在那边。你们是艾米和马特·谢尔德莱克,对吧?"

"是的。"马特说道。

第9章

分享心得

"我是超人!"乔什瞪着眼睛盯着这两位陌生人说。

玛吉笑了起来。"我们家也有一对小超人。"然后她转向艾米说道,"事实上,这也正是我们想找你聊聊的原因。你在海洋世界工作吗?"

艾米微笑着点了点头。

"那一定非常有趣。嗯……"玛吉看着自己的丈夫,好像有些犹豫。"我们的邻居唐纳和吉姆·基亚科莫,你认识他们吧?嗯,他们告诉我们,你在用训练动物的方法训练小乔什。"

艾米和马特彼此对视了一眼。"嗯,是的,可我们……"

"哦,别误会。"泰德·威尔金斯打断道,"我们觉得你们的做法很棒。"

正在这时,突然有个孩子闹哄哄地冲了过来,一边推开泰德和玛吉,一边笑个不停。两个人一直在追来追去,围着自己的父母转圈。威尔金斯夫妇试图让闹得满脸通红的孩子们安静下来,可孩子们根本不听。最后,泰德生气地说道:"够了!你们给我安静下来!我介绍你们认识几位邻居……"

泰德话还没说完,两个孩子又跑开了,一边大叫着,一边在大人们中间窜来窜去——大人们小心地端着装满食物的纸盘,生怕被撞得洒在地上。

玛吉的脸一下子变红了。"这就是我们的孩子——史蒂芬今年10岁,盖布里尔9岁。我们之所以想学习你们训练鲸鱼的方法,就是因为他们……"

Whale Done Parenting
How to Make Parenting a Positive Experience
for You and Your Kids

玛吉一边说着,她丈夫一边向周围其他几个人打了个手势,请他们加入进来。大家来了之后,泰德宣布:"各位,这是艾米和马特·谢尔德莱克。艾米在海洋世界工作。"这时艾米和马特开始跟大家打招呼,泰德则接着说道:"玛吉和我刚在问艾米是否能用训练鲸鱼的方法来教育孩子。"

大家安静了一下。这时人群后面有位男士冷笑着说道:"哦,是的。你们是怎样教育孩子的,给他扔条鱼?"听到这话,有几个人立刻咯咯笑了起来。

艾米并没有生气,她面带微笑,温和地说道:"不,我们可不会那样。但我们发现,用训练鲸鱼的方法来教育我那两岁的儿子,效果的确很好。"

看到大家好像都有了一些兴趣,马特接着说道:"我从艾米身上学到了一点,那就是真正重要的是你所关注的东西。亲爱的,跟他们讲讲我们教育乔什自己收拾玩具的故事吧。"

艾米跟大家讲述了自己是如何在这个问题上教育乔什的:当她发现乔什把玩具弄得一团糟时,她会选择视而不见;而一旦发现乔什捡起了玩具,她就会立刻大加赞扬。人群中有人开始点头,又有几对夫妇走了过来。

一位女士说道:"我叫勒缇莎,我是一位单身母亲。我发现我的孩子艾利克斯总是说脏话,这真让我头疼。"勒缇莎一边说着,一边指着不远处正在餐桌前大嚼的一位十几岁的男孩——那孩子一副街头小流氓的打扮。"你觉得你的办法对青少年有用

第9章

分享心得

吗？如果有用的话，我该怎么做呢？"

"首先，勒缇莎，"艾米说道，"你自己说脏话吗？"

勒缇莎立刻大吃一惊，"嗯，我想我偶尔也会蹦出几句脏话。"

"那好，我们就从这里开始设法帮助你的孩子。要消除所有可能鼓励孩子继续说脏话的行为，首先你自己就应该改掉说脏话的毛病。每次不小心冒出一句脏话时，你要立刻向艾利克斯道歉。"

勒缇莎若有所思地说道："嗯，我能做到。"

"我还有一个建议，选个好时机，平静地跟你的孩子坐下来好好聊聊这件事。比如说你可以做个他最喜欢吃的菜，然后你可以告诉他，'有件事情需要你的帮助。我很难接受你整天说脏话的行为。但我甚至自己偶尔都会说脏话，我想请你帮个忙，每次听到我说脏话时提醒我一下。还有，我答应，以后听到你说脏话我也不会再骂你了。但我希望你也能努力改掉这个坏习惯。'这么做的目的是要通过某种方式告诉艾利克斯，你很难接受他说脏话的行为。谈完之后，你需要做一件非常重要的事情。"

"什么事？"勒缇莎问道。

艾米说："改变你的关注点。也就是说，一旦发现他不再说脏话，你就要立刻大加表扬，比如说你可以假装不经意地告诉他，'你真的很重视我们之前的约定，没再说脏话，我真为你感到自豪。'当他违反约定时，你可以坐下来跟他重新温习一下你们的约定，告诉他你无法接受他说脏话这件事，但只要他能

Whale Done Parenting
How to Make Parenting a Positive Experience for You and Your Kids

尽量不说脏话，你就会给予奖励。一定要坚持下去，每次发现他克制自己不说脏话时，就要立刻提出表扬。一旦他开始当着你的面说脏话，立刻阻止并纠正他的行为。而一旦发现他改掉了坏毛病，就立刻提出表扬。把你的关注点从他的错误转移到他做对的事情上，这就是鲸鱼哲学的神奇之处。"

大家安静了一会儿，每个人都在思考艾米说的话。最后，刚才那位发出冷笑的男士说道："我叫吉姆，必须承认，忽视错误行为，关注正确行为，这听起来是一种非常激进的做法，但说不定会有用。"

"我想了很多办法都不能让我的女儿杰斯自觉地完成家庭作业，"吉姆的妻子说道，"我觉得我们可以试试这个办法。"

"好极了，"艾米说道，"记得一定要先跟孩子说清楚家庭作业的重要性，然后为她创造条件，帮助她取得成功。你可以跟她商定一个做作业的时间——最好是在刚从学校回来之后到晚上打开电视之前的这段时间——一定要坚持下去。让她每天完成作业之后告诉你一声。"

吉姆开口了，"我想我们还要留意，一旦杰斯完成家庭作业，我们就立刻提出表扬，对吧？"

"是的。"艾米回答道，"只要情况允许，不妨每次看到杰斯完成作业时就祝贺她一下。还有，你可能需要反省一下自己在这件事上是否有不对的地方。我是说，难道杰斯从来不主动完成家庭作业吗？你只要别再总是谈论她的家庭作业——我不

第 9 章

分享心得

愿用'唠叨'这个词,但事实上我们都会这么做——说不定就会让她感到你的变化,而且她一定会记住这一点。然后你可以抽个时间,趁一家人一起吃晚饭时,你们其中一个人对另一个人说道,'杰斯最近一直在主动完成家庭作业。'这时另外一个人可以告诉杰斯,'哇!我真为你感到自豪。'这就可以强化杰斯的这种行为。"

又有人问道:"能多谈一些训练动物的技巧吗?"

"当然可以,"艾米此时感觉放松了不少,"我们有一种所谓的 A-B-C 法则。A 代表刺激物,它会引出 B,B 代表行为,C 代表结果,也就是刚才的行为所导致的结果。在这三个要素中,我们认为 C 是最重要的。下面我们分析一下该如何运用 A-B-C 法则来改变孩子的行为。我想大家可能需要找个案例。"听到这里,人群中发出了一阵笑声。

"我有个例子,"说话的是艾米街对面的邻居乔·特拉维斯,"我儿子总是喜欢欺负他的小妹妹,这简直让我发疯。"

"嗯,欺负是一种行为。那么他在什么情况下会做出这种行为呢?"

"可能是他妹妹做某些事情的时候吧。比如说,她喜欢看一档被哥哥称为'婴儿秀'的节目。"

"嗯,"艾米说道,"A 代表妹妹做的事情。B 代表哥哥的行为,那么 C 是什么呢?"

"这个简单,"乔说道,"我会冲他大吼,让他停止。我会

告诉他,如果再这样做,我就不给他零花钱,也不让他看电视。"

"嗯,你会冲他大吼大叫,威胁他。这方法有效吗?"

"不太管用。"乔说道。

艾米点了点头。"那么,如果想要改变结果,你该怎么办?"

"就像你说的,忽视他的行为。要做到这一点,我可能要带上耳塞!"

"如果情况不严重,就不要去管它。但另一方面,如果情况很严重,作为父母,你必须采取行动。所以我建议你首先跟儿子谈谈,告诉他欺负妹妹是不对的。你可以告诉他该怎么做。坐下来,跟他平静地好好谈谈,鼓励他改变自己的行为。比如你可以告诉他,'嘿,为什么不能对你妹妹说些好话呢?如果你能对她好些,我想她一定也会对你很好的。你觉得怎样?'一旦孩子表示同意,你就立刻鼓励他,'现在就去做吧!'"

乔点了点头。

"好,"艾米说道,"除了忽视错误行为之外,你还有什么需要注意的呢?"

"开始留意他对妹妹好的时候,仔细一想,我感觉他其实很喜欢自己的妹妹。有时候我看到他对妹妹真的很好。"

"嗯,一旦注意到这种行为,你会怎么做呢?"

"我想我要大张旗鼓地表扬他。"

"对极了。我想你还要跟女儿聊一聊。每次被哥哥欺负时,她无疑都会感到很不安。所以我建议你也让她学会无动于衷。

第9章
分享心得

要想不再受哥哥的欺负,办法之一就是对他的欺负无动于衷。"

其他人开始认真思考这个想法,人群一下子安静了下来。

"我可不想整个晚上都讨论这个问题。"艾米说道,"但要想奖励孩子们的正确行为,做父母的的确需要认真了解自己的孩子。我并不会经常把人跟动物相比较。我们都不会像动物那样行事,但在改变行为这个问题上,我们都是一样的——我们会很在意周围人的反应。所以当乔对自己的妹妹很友善的时候,我们该怎么奖励他呢?"

"稍等,"勒缇莎打断道,"你是说你只要在这孩子欺负他妹妹的时候视而不见,他就会立刻停止欺负妹妹吗?"

一直在主持讨论的泰德这时开口了,"或许他不会立刻停止。但如果他感觉相反的做法会给自己带来更多奖励和认可,他很快就会明白是怎么回事了。他会告诉自己,嗯,这真是有趣,二者之间有一定的联系。只要我一欺负妹妹,爸爸和妹妹就不理我。但只要我一对她好,我就会得到很多表扬。这孩子并不笨。他最终会重复能够帮助自己赢来更多关注的行为。"大家纷纷微笑着点头,这说明泰德刚才说的很对。

"谢谢,泰德。"艾米说道,"我承认,当你刚开始听到这种方法时,你或许会感觉非常震惊,因为它跟我们平常的做法完全相反。但当我在海洋世界里第一次见识到它的效果时,我就开始明白自己一直在无意中助长那些乔什身上所表现出来的错误行为。当马特和我不再理会乔什的错误行为,而奖励他的

正确行为时,情况就开始发生变化了。"

"这办法越想越有道理。"勒缇莎说道。

艾米露出了微笑。"我的上司总是说,要想让人们做你想让他们做的事情,最好的办法就是观察他们做对了什么。我想大家只要能记住这一句话,我就很高兴了。"

"能跟我们再多说一些吗?"泰德像个主持人那样问道。

"如果大家感兴趣的话。"艾米说。其他人都纷纷点头。

"需要注意的就是要为孩子的成功创造条件。在海洋世界,我们不会简单地用成败来判断鲸鱼们的行为,也不会坐等着它们自己做出我们想要的行为,事实上,我们会想办法为它们创造条件,帮助它们成功。要想做到这一点,我们首先要仔细观察它们的一举一动,了解它们的习性,它们的作息习惯,它们的喜好等。一头鲸鱼获取奖励的方式可能对另外一头鲸鱼完全没有意义。每头鲸鱼都有不同的经历,不同的喜好,这点跟我们人类一样。

"同样,我们必须研究我们的孩子。他们在什么条件下表现得最懂事?我们怎么才能创造出这样的条件?这样我们才能让他们做出我们想要的行为,并给予表扬或者直接给个拥抱。他们对什么样的奖励最动心?所以在很多时候,关键是要创造条件,帮助他们成功,我们需要在这个问题上多加思考。

"也就是说,我们可以用某种食物、某个玩具,或者是某项有趣的活动来作为奖励喽?"玛吉问道。

第9章
分享心得

"绝对正确。"艾米说,"大家一定要记住,这并不容易。父母们通常只会留意孩子们所犯的错误,并想办法阻止他们继续犯错。而要想留意他们做对了什么,那就要花费更多时间和精力了,但这样做效果会更好,而且也会更加持久。它们可以大大改善我们跟孩子之间的关系,而不是去伤害孩子。"

"我是一名单身父亲,今天你讲的这些,对我很有启发。"坐在旁边的一位男士说道,"我想最大的问题在于改变自己。我不能再继续奖励孩子错误的行为了——事实上,我必须学会忽视它们。做到这点并不容易。但我一定会开始留意孩子们的正确行为。"

听完这席话,大家纷纷表示赞同。人们向艾米表示感谢,然后纷纷散去,同时还在谈论自己刚刚听到的内容。

在回家的路上,马特告诉艾米:"宝贝儿,你刚才讲得好极了。"

艾米微笑着说道:"记得我曾经听说过,要想学习一件事情,最好的办法就是把它教给别人。我想这话确实不假。"

鲸鱼哲学笔记

适用于各年龄段的鲸鱼教育法

创造条件，帮助孩子成功

虽然本书主要讲的是如何用鲸鱼哲学来教育五岁之前的孩子，但我们必须强调，书中的方法都是基于行为科学总结出来的，只要稍作调整，几乎可以适用于任何年龄段的人。因为所有人都是在不停地寻找快乐，他们总是会问"这样做对我有什么好处？"每当做对一件事情并因此得到表扬和认可时，他们就会受到巨大的激励。所以你一定要帮助你的孩子树立正确的价值观，让她坚信自己的正确行为一定会为自己带来乐趣、轻松和享受。你可以来场变革游戏，让她感受到一种轻松和轻微的刺激感。只要经过仔细的思考和规划，相信你一定能得到自己想要的结果。

忽视失败并（或）重发指令

在跟小孩子打交道时，要学会在适当的时候纠正他的行为。而在跟大一些的孩子或者成人交往时，最好的办法就是讲道理。在教育年龄稍大的孩子时，最好的办法是口头交流。让他感觉到你的真实感受（比如说失望),同时用一种不带任何责备色彩的方式来描述孩子的行为,以及这些行为带给你,带给其他家庭成员的影响。(比如,你可以告诉告诉他:"看到你这次考试的分数这么低,我感觉很难过,因为我感觉你的能力要远大于此。")一旦发现结果跟自己想象的不一样,就要开始认真反省自己的做法。如果有可能,建议你抓住一切机会去发现孩子做对了什么,并进行相应的奖励。

奖励成功

你所提供的奖励一定要对孩子有吸引力。比如,一个孩子可能最喜欢得到口头表扬,但另外一个可能喜欢一些特殊的家庭活动。而对于第三个孩子来说,一套崭新的工具(这样可以帮助他做自己喜欢的事)可能诱惑力最大。

第 10 章
养宠物
教孩子关心宠物

选择宠物时,一定要考虑到你孩子的年龄、身高、性格等因素。要仔细研究宠物的习惯,包括它的品种和类别。

Whale Done Parenting
How to Make Parenting a Positive Experience
for You and Your Kids

天在下雨，海洋世界的驯鲸师和实习生们在培训室里开会。首席驯鲸师克林特说道："我注意到有些人前几天给动物们做了口腔检查。这让我回忆起当初我们刚开始做这份工作时的情景，变化真大啊！"

"当时的美国总统是谁，克林特？"坐在后排的驯鲸师杰瑞德问道，"乔治·华盛顿？"善意的玩笑一向是海洋世界企业文化中重要的一部分，听完这话，大家禁不住大笑起来。

"我记不清了，"克林特回答道，他似乎想要把这个笑话继续下去。"我只知道当时我们出门都是坐马车。不管怎么说，回想当时的情形，我简直不敢相信那时我们会那么幼稚，跟今天相比，我们当时简直对这些虎鲸一无所知，所有的进步都是通过不断尝试，不断犯错总结出来的。"

"大家都知道，在跟一头小鲸鱼打交道的时候，我们会在下水之前用很长时间跟它们磨合，跟它和它的妈妈建立信任关系。主要是要得到妈妈的信任。她必须对我们高度信任，才有可能允许我们下水跟她的孩子一起玩耍。"

克林特停顿了一下，接着微笑着说道："我还记得，那是在 1985 年，我们这里迎来了第一头小鲸鱼的诞生。我当时要下水

第10章
养宠物

拍摄一些鲸鱼出生时的照片。记得我旁边就是待产的鲸鱼妈妈，当时她就要分娩了。我一边拍摄，一边发现鲸鱼正在经历着巨大的阵痛，情况有些不妙，但我想，凭我跟她之间已经建立的关系，我应该不会有危险。但这位妈妈显然不这么认为，事实上，她感觉我非常分散她的注意力。最后，她游了过来，用自己的下颚蹭我——她并没有咬我，但显然她是在向我发出警告。我立刻就爬了上来！我简直不敢想象，如果继续待在水里，接下来会发生什么。"

听到这里，所有人似乎都长舒了一口气。

"好了，"克林特接着说道，"在经过这么多年跟虎鲸相处之后，我们发现，在分娩之前的一段时间里，鲸鱼妈妈往往是非常敏感的。即便是已经跟她们建立了高度的信任，我们还是要让她确信我们并不会对它的孩子造成任何伤害。虎鲸属于触觉动物，所以我们主要用按摩的方式来作为奖励，以此加深我们和鲸鱼妈妈以及鲸鱼宝宝们的关系。

"当宝宝大概两周大的时候，我们会给妈妈做一些按摩，然后试探她是否会让我们给她的孩子做按摩。一旦得到允许，我们就会把双手伸进水里，给鲸鱼宝宝做按摩。接下来我们会下到浅水里，给妈妈和宝宝同时做按摩。过了一段时间之后，鲸鱼宝宝开始在我们身边游动，好像是在进一步了解我们。此时我们继续观察鲸鱼妈妈，确保她不会有任何意见。当鲸鱼宝宝开始顶我们（虎鲸常用这种方式跟其他鲸鱼表示亲昵）我们就

Whale Done Parenting
How to Make Parenting a Positive Experience
for You and Your Kids

会跳到水里，进一步靠近它们。如果鲸鱼宝宝张开嘴巴去抓我们的胳膊或潜水服，我们就会慢慢挪开，或者用手轻轻地合上它的嘴巴，然后再给它做按摩。"

"正是通过一系列类似的小互动，我们才教会鲸鱼宝宝做一些指定动作的，"克林特总结道，"跟我们在这儿做的大多数事情一样，这需要时间，但效果很好。"

克林特的故事再次给了艾米巨大的启发。在随后的一个星期里，艾米和马特去一家动物收容所领养一只小狗。艾米已经计划收养一只小狗很久了。对她而言，这不仅意味着给自己家里养只宠物，她还希望这样做能够让自己的儿子充满爱心，并让他学会理解其他生物。除了照顾宠物所带来的正常乐趣之外，她还希望能够用宠物教乔什不仅学会关心小动物，还要学会关心照顾孩子和大人，以及自己身边的一切生物。这家人在收养所里待了很长时间，最后他们决定收养一只拉布拉多犬。在马特开车回家的路上，艾米坐在他旁边抱着小狗，乔什扣着保险带坐在后排。

艾米说道："我知道，大多数狗咬人的事情都是发生在小孩子身上。如果没有经过适当的培训，一旦孩子们看到小狗，他们立刻就会本能地伸手去摸——一看到毛绒绒的耳朵、不停

第 10 章

养宠物

摇摆的尾巴,他们就会把这个动物看成是可以抓的东西,就会立刻想上去揪一把。当然,狗狗们可不买账。事实上,一次这样的经历就会让狗狗们得到教训,以后只要一看到小孩,它们立刻就会联想到'伤害'二字。所以我们需要训练小乔什,还有这位……给它取个什么名字呢?"

"呵呵,"马特坏笑道,"我看这小家伙长得有点像奥斯卡!"

"奥斯卡!"艾米大吃一惊,"你不会是在开玩笑吧!"

"奥什卡!"乔什大叫起来。艾米回头一看,发现乔什一边笑着大叫,一边用手指着小狗,"奥什卡!奥什卡!"他显然对这位新朋友的名字很满意。

马特和艾米对视了一眼。"奥什卡?"他们嘟囔了一下。

"也可以,听起来像是印第安语。"马特若有所思地说道。

"至少比奥斯卡好多了!"艾米也说道。

这位新朋友的到来让小乔什兴奋极了。到家之后,马特和艾米发现往日的讲故事已经很难吸引乔什了,但马特还是设法用一本他最喜欢的故事书让小乔什在沙发上安静地坐了下来。与此同时,艾米把小狗抱进厨房,开始准备让小乔什适应这位新朋友。一定要帮助他成功,她一边在收容所里买的一堆东西里寻找,一边自言自语道。

Whale Done Parenting
How to Make Parenting a Positive Experience
for You and Your Kids

把各种狗粮、维他命、食物添加剂、卫生清洁设备、咀嚼玩具等收拾停当之后，艾米拿出了喂狗用的盘子，还有狗狗睡觉用的小床，把它们放在了后门的阳台上。在这段时间里，奥什卡一直在兴奋地四处乱嗅，好像对新环境充满了兴奋。艾米坐在一边，开始温柔地抚摸奥什卡。慢慢地，奥什卡安静了下来，摇着尾巴舔艾米的手，小狗内心那种天然的依恋之情尽显无遗。

乔什根本无法安心听故事。马特刚一读完，乔什就立刻跳了起来，一边冲向厨房，一边叫个不停："奥什卡！奥什卡！"他看到妈妈正坐在地板上抱着小狗。

"来，坐在妈妈旁边。"乔什坐定之后，艾米说，"好了，看着妈妈是怎么做的吧。"只见她轻轻地在小狗的后背上抚摸。奥什卡的尾巴开始轻轻地在地板上拍打起来，乔什的注意力也随之转移了过去。艾米可以想象乔什心里在说，我想抓住这东西。"奥什卡是在表示自己很开心。"艾米说道。她抓起了乔什的小手，带着他感受小狗背上的毛毛。"你看，奥什卡很喜欢这样，对吧？"乔什笑了起来，他发现小狗很喜欢被抚摸——只见它转过头来，舔了舔乔什的小手，乔什大吃一惊，立刻把手缩了回去。"奥什卡在亲乔什了！"艾米似乎是在鼓励乔什。

抚摸10分钟之后，小狗开始有些睡意了。奥什卡刚一打盹，乔什的眼睛立刻瞪大起来。他似乎明白了奥什卡的意思。"我真为你感到自豪，宝贝儿。"艾米一边抱着乔什，一边大声说道，"好了，现在该让奥什卡吃饭了。"

第 10 章
养宠物

就这样,整个周末,马特和艾米一直在教乔什怎么跟奥什卡相处。他们用带子牵着奥什卡,带着它和乔什一起外出散步。这种感觉幸福极了。

在接下来的两个月里,马特和艾米一直刻意不让乔什和奥什卡单独待在一起。他们买来了一个小狗窝,给奥什卡布置了一个很舒服的房间。就这样,通过言传身教,他们让乔什学会了怎样温和地对待奥什卡。他们让乔什主动扔给奥什卡一个咀嚼玩具。与此同时,他们还训练奥什卡跟乔什相处,很快,奥什卡就学会了把乔什扔出去的玩具衔回来,放在小乔什的脚下。艾米每次训练奥什卡的时候都会让乔什在场,比如,他们会训练奥什卡允许他们拿走狗盘。很快,乔什就学会用行动表明自己很爱奥什卡,并很快跟它成为了好朋友。

鲸鱼哲学笔记

关心宠物

创造条件，帮助孩子成功

选择宠物时，一定要考虑到你孩子的年龄、身高、性格等因素。要仔细研究宠物的习惯，包括它的品种和类别。问问自己，你的新宠物是喜欢待在室内还是室外？它是否会到处乱跑？如果不是，你该怎样给它搭建一个固定住所？爸爸妈妈一定要事先商量好该怎样对待这位家庭新成员。一旦有可能，要尽快教会你的孩子忽视宠物那些不好的行为，表扬它好的行为。

忽视失败并（或）重发指令

虽然大多数人都会认为年龄较小的宠物和年龄较小的孩子会比较容易相处，但爸爸妈妈们千万不要指望它们之间会自动形成良好的互动。一旦小孩子揪或掐了一下宠物的耳朵或尾巴，后者就会把孩子跟疼痛联系起来。所以在最初的几个月里，千万不要让孩子单独跟宠物待在一起。大多数狗咬人事件都发生在十岁以下的孩子身上。千万不要假设你的孩子会懂得如何跟宠物相处。要尽量教会你的孩子如何观察宠物的需要。一旦发现孩子的动作有些粗鲁，或者可能会对动物造成伤害，就要立刻纠正他的行为。通过示范的方式告诉你的孩子该怎么做，让孩子主动尝试，并及时奖励。

奖励成功

要尽可能多地陪孩子与宠物一起玩，这样一旦孩子表现出对宠物的关爱，你就可以立刻给予奖励。要发现一些具体的行为，立刻给予奖励。把每次跟动物一起玩耍都变成一次机会，告诉你的孩子该如何跟动物相处，让他们多加练习，并随即提出表扬。让你的孩子知道你为他所取得的每一点进步感到自豪，让他为自己的成就感到自豪。

第 11 章
让他独处一段时间
孩子闹脾气时怎么办

冷处理可以帮助你的孩子对自己的行为负责,而且更加重要的是,它可以帮助孩子改变自己的行为。

"乔什，乔什，听我说！"艾米的声音越来越大，但还是盖不过乔什的声音——孩子哭得越来越凶，开始一边尖叫，一边用力跺地板。乔什的眼睛紧闭，满脸通红，眼泪不停地往下流。艾米不说话了，因为她突然意识到，自己的坚持只会强化乔什当前的行为。他正在发脾气，艾米越是花时间跟他讲道理，乔什的哭声就越大，闹得也就越凶。当艾米开始集中精力让自己平静下来时，她突然想起几天前自己经历的一件事情。

当时艾米和金姆·李正在训练一岁大的卡根，突然这头小鲸鱼转过身去，向不远处一个水下观测窗游去——一位清洁工人正在擦拭窗口的玻璃。擦玻璃时发出的声音吸引了卡根。金姆·李开始张开双手，拍打水面，想让卡根把注意力转移回来，卡根开始向她游了过来，但就在快要游到金姆·李身边时，它又转头游向观测窗的方向。不仅如此，它甚至用自己的尾巴用力拍打水面，好像是在告诫金姆·李自己已经不准备再合作了。显然，小卡根是在闹脾气。

金姆·李再次想要召唤卡根，但卡根丝毫不加理会，反而更加用力地拍打自己的尾巴和胸鳍，溅起的水花甚至没过了水池壁，水池边上一些倒霉的家伙浑身湿透。

第 11 章

让他独处一段时间

"走吧!"金姆·李一边说着,一边离开了水池。

"就这么放弃了?"艾米疑惑地问道。

"如果它的心思根本不在我们这儿,"金姆·李解释道,"最明智的办法就是离开这个环境。而且它现在心神很乱,根本不会思考。"

"你的意思是说,我们先给它放个小假?"艾米说道。

"一点儿没错。不仅是给小卡根放个假,我们自己也休息一下。这时我们需要退后一步,仔细思考一下为什么会出现这种情况,并想想下一步该怎么办。"

克林特一直在观察他们。现在他走过来说道:"你们两个做得对极了。遇到这种情况时,你们别无选择。我想问你们一个问题,到底该怎么做才能避免这种情况?"

金姆看起来若有所思。"我们可以跟清洁工人提前做好安排,让他别在我们训练卡根的时候擦拭观测窗玻璃。"

"是的,"克林特说道,"在情况发生之前去除可能转移它注意力的东西。因为这样卡根不仅会在训练时走神,而且当你想把它的注意力转移回来时,它还会不耐烦。我们可以看到,一个小失误会导致另一个小失误,甚至会导致更大的冲突。我们可能需要给它一点时间,让它安静下来。"

Whale Done Parenting
How to Make Parenting a Positive Experience for You and Your Kids

艾米一边看着小乔什继续哭闹,一边开始回想为什么会出现这种情况,该怎么做才能避免这种情况呢?

就在这时,马特走了进来。看到眼前的情景,马特问道:"小家伙怎么这么大脾气?"

"我也在想呢,"艾米回答道,"但小乔什实在太吵了,我很难把问题想清楚。我们还是去一个安静点儿的地方待会儿吧,我跟你谈谈。"他们离开了还坐在地上哭闹的小乔什,走进厨房,找个能看到小乔什的地方坐下来。"5分钟前,我正准备梳头,"艾米说道,"但我一直在回想今天的事,我想要怪只能怪我自己。事情的缘起就是因为我早晨睡过头了。"

"可我去开早会之前已经叫醒你了啊!"马特说道。

"我知道,可我又睡着了。"艾米承认道。

事实上,艾米当天一直在忙碌,手忙脚乱地给自己和乔什穿衣服,不停地催促乔什赶紧吃早餐。一直到离家之前,艾米一直在催促乔什。在这个过程中,乔什开始抵制。他似乎是在有意地磨蹭。乔什是在故意惹艾米生气吗?当艾米给他系错扣子,并且不耐烦地重新系的时候,乔什就会大叫起来。

艾米带着乔什火速冲向汽车,匆匆忙忙地开到日托中心。转身之前,乔什皱着眉头看了艾米一眼。

在海洋世界也是忙成一团——当然也毫无乐趣可言。平常

第11章

让他独处一段时间

金姆·李在场的时候,艾米总是会感觉非常镇定,但今天金姆·李生病请假了。当天的主要工作是清洁,也是艾米最不喜欢的工作。跟她一起负责清洁的洛雷娜当天情绪也非常不好。一天时间就这样过去,去接小乔什的时候,艾米又迟到了。小家伙头也不回地走进车子,甚至都没看艾米一眼,就连到便利店买蔬菜的时候,乔什也一言不发。一坐上购物车,乔什的心情好了很多,但没过多久,他就开始用手扒拉货架上的东西,"别动,"艾米告诫道,"妈妈告诉你别这么做!"但小乔什根本不听。到家之后,乔什对艾米的愤恨终于一发不可收拾了。

"回想起来,"艾米告诉马特,"我知道乔什之所以这么做,是因为他感觉我没有足够重视他。我匆匆忙忙地离开商店,脑子里一直在想着别的事情。而且他也的确很累了。所以我们一到家,只要一点儿小事就把我们这位小火星'发射进了轨道'。我在做饭,他走进来,要我跟他一起陪奥什卡玩。我告诉他现在不行,我们必须等会儿。他就开始四处乱跑,大喊大叫,最后一下子摔在地上,就开始闹。"

马特若有所思地摇摇头。"看来这事积蓄一整天了。"

"是的,"艾米说道,"我想我这次并没有帮助乔什成功。部分问题在于我自己的态度。看来乔什之所以会发脾气,是因为我的问题。"

艾米停顿了一下,发现外面已经安静下来。她站起身来,走到门口。"乔什,你现在安静下来了吗?可以过来玩了吗?"

"不!"乔什愤怒地回答道。然后又开始闹,但这次显然已经不是那么撕心裂肺了。

艾米耸了耸肩膀,又回头坐了下来。

"你是想发现这孩子做对了什么事吧?"马特笑着问道。

艾米转了转眼睛。"我本以为他该闹完了,但显然我想错了,那就让他再哭一会儿吧。我只是不想让他独自闹太长时间,否则这方法就会失去效果。"

他们又等了一会儿。这次乔什很快就停止了。

马特说道:"我去吧。"

"不行,"艾米说道,"这件事跟我有关。是我让乔什不开心的。如果现在你走进去,你就成了好人。我们可不想玩那套黑脸白脸的把戏,对吧?"然后她走到乔什身边说道,"这下好了吗,乔什?"小乔什脸上露出了笑容,伸出了双手。

艾米带着儿子来到厨房,跟他坐了下来。她和马特想要确认此时小乔什已经彻底平静下来,于是就又等了一会儿。过了一分多钟以后,艾米说道:"现在好多了,对吧,乔什?你彻底安静下来了。喝杯水吗?闹了半天,你一定很渴了。来,我们给爸爸看一下你今天在日托中心画的画吧。"乔什拿了一块饼干,接过了艾米递来的一杯水,显然,他已经闹完了。

艾米转向马特说道:"我想明白了,这个道理同样适用于动物,我早就应该明白了。"

"什么道理?"

第 11 章
让他独处一段时间

"当一个人烦躁不安的时候,跟他讲道理是没有任何意义的。你很难跟一个哭哭啼啼的孩子讲道理——同样,你也很难跟一个烦躁的同事或客户讲道理。遇到这种情况时,你最好离开现场,或者想办法让对方平静下来。"

"照你的说法,"马特说道,"你应该感到庆幸,因为我们的小乔什没有在食品店里爆发。"

艾米点点头表示同意。

"那么,如果他在食品店里爆发的话,你会怎么办呢?"马特接着问道。

艾米想了想。"如果我能够保持冷静的话,我会把购物车先扔到一边,抱起小乔什,把他带到车上,坐着等他平静下来。如果他一直哭个没完,我就会直接回家。"

她看了看乔什,"不管怎么说,"艾米充满爱意地说道,"你和妈妈今天可真是不容易,对吧?"她紧紧抱住小乔什。"我爱你,乔什。"

鲸鱼哲学笔记

学会冷处理

创造条件，帮助孩子成功

冷处理可以帮助你的孩子对自己的行为负责，而且更为重要的是，它可以帮助孩子改变自己的行为。你应该给自己的孩子安排一些独处的空间，这些空间应该很容易进入，而且你可以在外面观察。当孩子处于被冷处理的状态时，千万不要给他任何信息来强化他的行为，让他独处一段时间。如果孩子还小，冷处理的时间千万不要太长，一看到他的行为发生了改变，就立刻停止。清楚地告诉你的孩子，你究竟希望他停止哪些行为。选择一个冷处理区域，清空所有的玩具和其他可能会转移孩子注意力的东西。

忽视失败并（或）重发指令

当人们（无论是大人还是孩子）情绪比较激动时，跟他讲道理是没有任何意义的。在进行冷处理时，一定要清楚你想要的结果是什么。除了让孩子独处一段时间之外，父母们还应该学会调整孩子的行为。如果孩子还小，你可以设法转移他的注意力。如果孩子年龄稍大，你可以跟他讲道理，比如说你可以告诉他："我想我可能没跟你说清楚，下面我们再谈一下规则。"一定要记住，教育完了之后，一定要提出一些他做对的事情，趁机表扬他一下。有时孩子会在不同的环境里做出违规的事情，因为他们感觉在这里可以不用遵守家里的规矩。如果这种情况发生在公共场所，你必须离开，很快你就会发现这样做的好处。回到发脾气的"现场"之后，你可以设法告诉孩子你希望他怎么做，并跟他达成共识。

奖励成功

一旦冷处理结束，就彻底结束了。千万不要抱怨，事后也不要再提起这件事情。当你发现孩子已经彻底改正了自己的行为时，一定要用一种积极的方式提出表扬。如果合适的话，你可以提醒他那件事情再也没发生过。在提出表扬时，你甚至可以给孩子一些惊喜。（"你最近表现很好，爸爸准备带你去你最喜欢的餐厅搓一顿。"）

第 12 章
马桶风波
怎样训练孩子用马桶

> 一旦孩子做出任何你希望的行为,立刻抓住机会加以表扬。不要等到他做得完美,看他做得差不多时就提出表扬。

Whale Done Parenting
How to Make Parenting a Positive Experience
for You and Your Kids

"怎样才能从这头海洋中最令人恐惧的动物身上取走小便样本?"

海洋世界的三位驯鲸师实习生艾米、洛雷娜、史蒂夫面面相觑,然后耸了耸肩膀。

提出问题的克林特·乔丹说道:"观察。"只见他走到水池边上,冲着不远处的卡斯蒂做了个手势。卡斯蒂立刻游了过来。一看到手势,卡斯蒂就冲上了侧卧区(那儿的水深只有六英寸)……并且是用侧卧的姿势!

克林特说道:"为了时刻了解这些大家伙们的健康状况,我们每个月都要从它们身上提取尿样。为了训练这些家伙们配合工作,我们可是花了不少时间和精力。首先我们必须几乎抽干整个水池,让鲸鱼侧躺下来。然后兽医拿出一个尿盆——一个巨大的尿盆。"

所有人都哈哈大笑起来。

"你可以想象这些鲸鱼们多么享受这一切。然后我们要做的就是你们接下来要看到的,今天轮到卡斯蒂了。"克林特说道。

他给卡斯蒂喂了几条鱼,拿出一个小杯子,把它放到卡斯蒂面前,好像是让它看看。然后他走到鲸鱼的尿道口,端着杯

第12章
马桶风波

子蹲在那里。由于无法看到克林特在做什么,大家只好等着。很快,克林特吹了声口哨,站起身来,卡斯蒂也转身游回水池。克林特上前奖励了卡斯蒂几条鱼,卡斯蒂转身游向远处。然后克林特端起杯子,让所有人都能看清杯子里的液体。几位实习生"哇哦"了一声。

"太棒了!"艾米叫道。然后她提出了一个三位实习生都想问的问题,"你是怎么训练卡斯蒂的?"

克林特微笑着说道:"你们看看,这水池是干什么用的?"

艾米注意到水池旁边有个储物箱,箱子里有各种大型玩具和浮标。她看到一位驯鲸师把玩具扔给一头鲸鱼,还有另外两位驯鲸师在给一头鲸鱼做按摩。"是给那些表现良好的鲸鱼做游乐场的?"她鼓起勇气说道。

克林特大笑了起来。"事实上,我们把这里叫做鲸鱼SPA区,"他说道,"还有,你们看那边。"他指着远处一个大型机械设备说道,"那是我们的鲸鱼升降机,是为了把鲸鱼抬出水面而专门设计的。"他又指着刚才卡斯蒂侧卧的区域说道,"你们能猜到这个水池是干什么用的吗?"看大家没反应,克林特接着说道,"这是我们给鲸鱼们打针、做血液检查、取大小便样本用的,有时如果它的牙齿出了问题,我们还会在这儿给它补牙。"说完他停顿了一下,似乎是在让大家消化他刚讲的内容。"想想看,我们人类是如何处理这些问题的。我们会去哪儿解决这些问题?"

"去医院或牙科诊所啊!"大家回答道。

"是的。相信我们都还记得自己童年的时候,每次一想到这些地方,我们就会兴奋不已,迫不及待地想去,对吧?"

三位实习生立刻大叫起来:"才不是呢!""你在开玩笑吧!"

克林特又大笑了起来。"我刚才只是重复你们已经学到的内容——我们总是希望让鲸鱼们感觉我们要它们做的事情是充满欢乐的。如果它们感觉某些事情并不快乐,不令人兴奋,一点都不好玩,它们就不会有兴趣配合我们,尤其是让它们感到疼痛的时候,更是如此。在让它们按照我们的要求行动之前,我们必须赢得它们完全的信任。

"一定要记住这个基本原则,然后我就可以回答刚才艾米的问题了。在处理类似事情的过程中,我必须帮助动物们取得成功。比如说要想训练它主动提供尿样,我们必须注意观察鲸鱼们撒尿时的情形,通过仔细观察一段时间之后,我们会发现,由于某种原因,大多数鲸鱼在上午的时候会尿得更多。

"我们已经训练卡斯蒂学会使用侧卧区了。当然,我们还需要它学会侧卧,这也要花不少心思。但它最后还是学会了。接下来的事情就很简单了。我让它侧躺下来,给它看杯子,然后转到尿道口,等着它撒尿就行了。有时它会尿一点儿,有时很多,也经常会一点儿都没有。我只能耐心地等着,多观察,多留意——当然,如果它肯尿,我会立刻给些奖励——如果不尿,就没有奖励。最后,卡斯蒂和我配合就慢慢默契了。整个过程大概用

第 12 章

马桶风波

了三个月时间。"

回到家之后,艾米把今天克林特给虎鲸取尿样的过程说给了马特听。"真是太不可思议了!"她感叹道。

马特摇了摇脑袋。

"怎么了?"艾米问道。

"我只是在想,"他说道,"他们怎么能让虎鲸看到手势就撒尿,而我们却连让乔什学会用马桶都做不到呢?"

这一直都是让艾米和马特非常头疼的问题。眼下马特正要去新墨西哥州出差10天——这也是两人结婚以来,马特离家时间最长的一次。马特是他所在的那家技术咨询公司里的首席电脑程序员,他的工作就是经常为全美各地的客户提供培训。

第二天早晨,跟马特道别之后,艾米开始给乔什换尿布。又湿透了,她自言自语道。突然她想到一个主意:很多父母都在为给孩子换尿布头疼,她和马特也一直在为教乔什用马桶心烦。他们一直在想办法改变孩子的行为,却从来没站在孩子的角度想一想。现在她决定用行为科学的原理来尝试一下。为什么我以前没想到这个?要是乔什和我能在马特回来之前解决这个问题,那该多好啊!

在开车送乔什去日托中心的路上,艾米仔细思考了该如何

运用在海洋世界学到的东西。"我已经开始了一些最基本的步骤，那就是仔细观察乔什的行为。我可以观察两个问题，第一个就是他尿尿的大概时间。他什么时候最可能撒尿呢？其中到底有什么规律？"

在接下来的几天里，这位年轻的妈妈开始尝试多给乔什喝东西，并定期检查效果。然后她需要说服乔什自己是在进行一项有趣的实验。他最喜欢什么玩具，喜欢听什么歌，或者最喜欢做什么？再对比鲸鱼的训练过程。艾米告诉自己，要积极，绝对不要去理会那些失误，一开始先不要太在意结果，只要让小乔什感觉上厕所是一件快乐的事情就可以了。要注意观察，随时准备给予表扬。

有时，她也感觉自己这样做可能太耗时间了，但转念又想："我们之前的做法肯定是不行的，大家都要疯了！而且如果我能在这个问题上取得成功，我就会有足够的自信，用同样的方法来解决孩子成长过程中的其他问题了。"

与此同时，马特正在四处奔走，先到一个地方待几天，给学生们上上课，然后又前往另外一座城市。在飞往阿尔伯克基的飞机上，他跟一位名叫托尼的乘客聊了起来。很快，两人就开始聊起了关于孩子的话题。

第 12 章
马桶风波

"我的小菲利普今年 7 岁了,"托尼说道,"他的表现一直都不错,但最近好像我惩罚他的次数越来越多了。最让我心烦的是他居然开始对妈妈无礼了,我的父母绝对不能忍受这一点,我也是。"

"呵呵,你是怎么惩罚他的呢?"马特问道。

"我会让他跪下,有时还会痛揍他一顿。"

马特想了一会儿:"这样做有用吗?"

"嗯,反正我在旁边的时候,他不会再对妈妈无礼了!为什么这么问,你从来不打孩子吗?"

"是的,从来不会。"马特说道。然后他似乎转移了一下话题,"哦,对了,你去过海洋世界吗?"

托尼立刻双眼放光:"当然。去过好几次呢!那地方真是太棒了!我们特别喜欢里面的虎鲸表演。"

马特微微一笑:"真巧,我太太正在那里学习成为一名驯鲸师。我之所以提到这一点,是因为她曾告诉过我一些她们在海洋世界驯鲸时用到的技巧,我想它们可能对教育孩子也同样适用。"

马特的这位新朋友看起来有些不相信:"你什么意思呢?小孩子肯定跟鲸鱼大不一样。"

"毫无疑问,"马特表示同意,"但从某个方面来说,它们又是相同的——它们都想知道'这样做对我有什么好处?'海洋世界的驯鲸师们就是用这方法训练鲸鱼的。"然后他解释了他

和艾米是如何改变自己的行为的：观察乔什的行为，找出他喜欢的东西，用这些东西来强化他的正面行为——同时忽视他的错误行为，或者重新告诉他什么是正确的行为。"坦白说，一开始我也不相信这方法能奏效。"他接着说道，"但最终效果好极了，我们只要改变自己关注的对象，就可以大大改变孩子的行为。"

"我来梳理一下思路。当你发现孩子做错事时，你只是视而不见？"托尼疑惑地问道。

马特摇了摇头。"有些事情当然不能视而不见，遇到这种情况时，你应该设法重新告诉他们什么是对的。如果孩子年龄很小，你只要设法转移他们的注意力，并在他们做对事情时给予奖励就行了。如果孩子年龄稍大，你可以平心静气地告诉他你的想法。比如说在工作中，当我想要重新纠正某位学员的时候，我会首先把问题揽到自己身上。我可能会告诉他：'或许我没有说清楚流程。下面我再说一遍吧。'这样做的效果好极了。"

过了一会儿，托尼开始继续读自己带来的书，可在这个过程中，马特注意到他曾经几次转头望向窗外，似乎陷入了沉思。飞机着陆之后，两人即将分开，托尼告诉马特："我必须告诉你，刚才你提到的鲸鱼哲学已经让我开始反思我对待孩子的方式了。的确值得认真思考。谢谢你。"

第 12 章

马桶风波

马特离开之后的一天晚上,艾米开始按照惯例在吃饭时多给乔什一些诸如果汁和水之类的饮料。她还在卫生间里给他准备了一个新的玩具,这样乔什在上厕所时就可以玩了。她把乔什带进卫生间,却并没有给他扒掉裤子,而只是让乔什坐在马桶上,一边给他讲故事、玩玩具,或者想其他办法逗他玩,一边等着乔什自己产生小便的意念。艾米知道,自己眼前最重要的工作,就是要让乔什从一开始就把这个过程当成一种享受。

第二天,当艾米接乔什放学回家的时候,乔什说的第一件事情就是——马桶。回到家之后,乔什立刻拉着妈妈的手直接走进卫生间。啊哈,艾米想道,现在乔什已经喜欢上卫生间了。当天晚上,在喝完饮料,等了二三十分钟之后,艾米感觉乔什差不多要撒尿了,于是她开始一边陪乔什玩,一边脱下乔什的裤子。乔什一滴都没有尿。但等乔什一离开马桶,穿上尿不湿和裤子之后,他立刻尿了起来。只见他一边尿,一边做起了鬼脸,"啊哈!"这句话是跟艾米学的,因为每次艾米给他换尿不湿时都会说这句话。艾米微微一笑,暗暗告诉自己,忽视,要学会忽视。

晚饭过后,类似的情况再次发生。艾米让乔什坐在马桶上,陪他玩了半个小时,还是没有任何动静。可只要一带上尿不湿,乔什立刻撒尿——这次是大小便一起来。

Whale Done Parenting
How to Make Parenting a Positive Experience
for You and Your Kids

第三天,艾米陪坐在马桶上的乔什玩耍时,开始听到尿尿的声音。"哦,我的宝贝儿!"艾米高兴地叫了起来,"妈妈真为你感到自豪!"她立刻抓起一些乔什最喜欢但平时却很少有机会吃的 MM 豆,一把递给乔什。随后她又大肆夸奖了乔什这一看似微小,但却具有里程碑意义的事件。乔什高兴得脸上乐开了花,他转过身去,看着马桶说道:"咿呀!"艾米大笑起来,用力抱起了乔什,两人一起说道:"咿呀!"

终于到了马特回家的日子。当马特跟艾米坐下来聊天的时候,乔什走到艾米身边。只见他一边拉着自己的尿不湿,一边说道:"马桶!马桶!"然后艾米向在一旁吃惊的丈夫展示了乔什最近取得的进步。他们一起带着小乔什走向卫生间,艾米帮助乔什脱掉尿不湿。当乔什坐在马桶上开始撒尿的时候,马特的眼睛瞪得像鸡蛋那么大。他拍着手骄傲地表扬道:"乔什是最棒的!"

艾米告诉马特自己是如何把在海洋世界学到的技巧用来训练乔什的。在接下来的几个星期、几个月里,艾米和马特一起不断地用这些技巧训练自己的孩子。他们有时也会经历一些挫折,夫妻俩以前都会把这看成是失败,但他们对这些挫折完全视而不见。与此同时,他们不断地表扬乔什在主动使用马桶过程中的每一点进步。

第 12 章
马桶风波

　　慢慢地,乔什开始学会自己使用马桶了。很快,马特开始教会乔什上完卫生间之后该如何穿裤子、冲马桶,乔什也开始在自己的便盆上重复自己学到的动作。当孩子开始在自己的小便盆上大便的时候,艾米开始把小便盆里的大便倒进马桶,并让乔什学会冲水。

　　一天晚上,乔什上床睡觉之后,马特和艾米坐下来休息。"亲爱的,"马特说道,"我要告诉你,你坚持对乔什使用鲸鱼教育法,这真的很让我佩服。我从你身上学到了很多东西。最重要的是,我学会了坚持!"

鲸鱼哲学笔记

怎样训练孩子使用马桶

创造条件，帮助孩子成功

一定要把上厕所变成一件有趣的事，强调它积极的一面。在选择培训的时间时，最重要的原则就是观察和耐心。记住，关键不在于你是否准备好了，而在于孩子是否准备好了。比如说，就算孩子想要脱掉尿不湿，也不一定说明他已经准备好使用马桶了，也可能是因为尿不湿让他感觉不舒服。不管怎么说，在使用鲸鱼教育法的时候，一定要记住以下规则：观察你的孩子，仔细判断你的孩子小便的各种因素，如时间、频率、喜好等，总结他在什么情况下最容易小便。提前了解这一切，牢记孩子可能已经开始准备小、大便的各种信号（开始弯腰，扯拉尿不湿等）。

忽视失败并（或）重发指令

当你发现孩子犯错时，不要责备，也不要有任何反应，这时你可以利用这个机会重发指令。换句话说，当孩子"出事"的时候，千万不要去管他，而是要把孩子的注意力转移到一些积极的事情上，告诉他该怎么做。绝对不要去在意那些你不希望再出现的行为，绝对不要强调负面的事情。要尽力去发现你的孩子做对了什么！

奖励成功

一旦孩子做出任何你希望他做出的行为，就立刻抓住机会加以表扬。不要等到他做得完美，看他做得差不多时就提出表扬。想想看，你准备用什么办法奖励他：口头表扬，贴图标签，颁发证书，给一些特殊玩具，给他最喜欢吃的食物等。记住，在提供奖励这个问题上，关键在于掌握好多样性，这样你就不需要在该奖励时犹豫不决，不知道该选哪一个。千万不要因为奖励不够及时而错过奖励的机会。你当时可能不在旁边，没有注意到，但当你有机会跟孩子在一起时，一定要睁大眼睛，寻找机会去奖励你的孩子。一旦发现你的孩子可能"明白你的意思了"，就立刻给予奖励，以便强化他的这一行为。

第 13 章
"请"和"谢谢"
关于孩子的道德成长

要想让你的孩子变得自信、有能力、充满爱心,最关键的一点就是要努力留意他做对了什么。

Whale Done Parenting
How to Make Parenting a Positive Experience
for You and Your Kids

在艾米和马特看来,所谓的"有教养",就是指尊重他人,善意地对待他人。艾米和马特决定从孩子小时候就教他做一个有教养的人。他们发现如今很多小孩子都很粗俗,于是就决定,在问题出现之前,就教会小乔什学会什么叫礼貌。

在讨论怎样解决这个问题时,艾米和马特决定继续用鲸鱼教育法。马特主动请缨,星期六的时候,他和乔什坐在起居室的沙发上,马特在咖啡桌上放了一碗奶酪饼干——乔什最喜欢吃的东西。

"跟爸爸一起玩个游戏,怎么样?"马特说道。

乔什一边点点头,一边望眼欲穿地看着桌子上的饼干。

"这个游戏叫'请和谢谢'。"马特拿起了一块饼干,举在半空中。"可以说请吗?"他说道。乔什伸手去够饼干,马特继续把饼干举到乔什够不到的地方,"说请。"

这次乔什说道:"请……"继续去够马特手里的饼干。

马特把饼干递给乔什,同时表扬了乔什一句,但就在乔什要把饼干塞进嘴里的时候,他一下子拉住了乔什的手,对乔什说道,"现在可以说'谢谢你'吗?乔什,说谢谢你,谢……谢……你。"

第 13 章
"请"和"谢谢"

乔什抬头看了一下,说道:"谢谢你。"

马特立刻高兴得大叫起来,双手鼓掌,又给了乔什更多饼干。马特和乔什又练习了两次,最后马特说道:"乔什,你已经长大了,爸爸太爱你了!"

在接下来的几天里,马特和艾米反复跟乔什重复这项"游戏",中间不停地变换各种奖励方式和游戏方案,以便让乔什感觉整个过程都非常有趣。

"你知道吗,"马特说道,"我觉得,在你的帮助下,我已经明白了鲸鱼教育法的精髓。我是说,虽然你们在海洋世界并不会教虎鲸说'请'和'谢谢',但你所告诉我而且在家里反复重复的驯鲸经验,我几乎可以用到教育乔什的各个方面。"

"是的,"艾米表示同意,"我们也不会教虎鲸怎样穿衣服,但我接下来就要教小乔什学会自己穿衣服。"

海洋世界里,艾米和金姆·李正坐在水池边的野餐桌旁吃午餐。正在闲聊如何做妈妈的时候,她们发现附近水池里有三头虎鲸在懒洋洋地游动——有两头虎鲸似乎相处得并不愉快。

"好像萨古在欺负卡根,对吧?"艾米说道。

"我也不知道怎么回事,"金姆·李说道,"但你看萨古撞卡根的样子,显然已经超出了玩耍的界限。"

Whale Done Parenting
How to Make Parenting a Positive Experience for You and Your Kids

突然水池里激起波浪，一个巨大的黑色庞然大物冲了过来。那是塔特。只见他一下子冲开萨古和卡根，两个小家伙立刻调头，各自散去。"嘿，"艾米兴奋地叫着跳起来，"你看见没？塔特制止了一场争端。真是太棒了。"

"好像是的，"金姆·李回答道，"但别忘了，塔特是卡根的妈妈，她只是不喜欢别人欺负自己的孩子。"

看到艾米若有所思的样子，金姆·李接着说道："我知道。人类经常会认为动物也不只是为了生存而活着。但事实上，野生环境中的生活仍然是非常简单、非常残酷的。有些动物是有智慧的，但基本上来说，它们生存的主要动力仍然是食物、性、群落优势。"

金姆·李好像在思考着，说道："跟大多数哺乳动物一样，鲸鱼在养孩子时也有一种母性的本能。当虎鲸们处于野生环境时，它们聚在一起捕猎，并展现出高度的团队精神。有时你会看到一头虎鲸冲上海滩和冰盖，一口咬住一只海狮或企鹅，把它扔给自己的同伴。这完全是生存需要，并不是它的道德选择。"

"嘿，"艾米说道，"这些大家伙们教会了我很多，我想它们也可以教我如何让自己的孩子学会判断是非。但我想我可能错了。"她耸了耸肩膀。"但我决不能放任孩子。这个世界上有害的东西太多了——毒品、暴力、性犯罪、欺诈，人与人之间失去了尊重——我想整个国家都有问题。"

"真是一语中的。"金姆·李说。

第13章
"请"和"谢谢"

艾米有些忧虑地说道:"我有些困惑,虽然我真心希望小乔什能够用正确的是非观念指导自己的一生,但我并不知道具体该怎么做。我希望自己能以身作则,而不只是夸夸其谈。"她看着自己的教练笑着说道,"你在大学里拿到了儿童成长硕士学位,你有什么建议吗?"

金姆·李毫不犹豫地说道:"你说的是道德能力——也就是如何判断是与非,确立并实行道德伦理观念,做一个正直体面的人。"

"你觉得这种道德智商会在人们身上怎么体现出来?"艾米问道。

"道德智商通常会表现成为各种品格,比如诚实、正直、同情心,克制自己不去做非善意的举动,控制自己的冲动,延迟满足,尊重他人,敢于反抗不正义的事情等。"

"就算对大人,这要求也算很高了。"艾米说道。

"大人尤其应该注意。"

"如今培养孩子的品德似乎变得越来越困难了。"艾米说道,"现在社会上到处都是各种粗俗和暴力,但我想,越是在这种环境下,我们越应该培养孩子正确的道德观,帮助他们坚守正确的道路。"

金姆·李点了点头说道:"我们曾经在读研究生的时候专门讨论过该如何培养孩子的道德智商。要想做到这一点,可能最关键的就是要重视期待的力量。要期待你的孩子成为一个有

道德的人，这或许是帮助他成功的关键；对于父母来说，它可以确保你自己会有一个正确的态度。如果总是担心自己的孩子长大以后会干这样那样的坏事，你就会不知不觉地强化他的一些错误行为。"

"真有意思，"艾米说道，"这就好像我奶奶以前经常说的那样：你想什么，就会得到什么。"

"你奶奶的这种说法很有意思，因为它也是我们鲸鱼哲学法则的第二条：忽视失败并（或）重发指令。如果你总是去留意孩子做对了什么事情，当他做错事情时，你跟他坐下来，说清楚你希望他怎么做，并强调那样做对他会有什么好处。一旦发现孩子不够诚实，你可以告诉他，'只要讲真话，你的朋友们就会信任你，否则他们就会不相信你。'然后你可以用一种对他充满信心的口气说道，'有时讲真话也很难，但我知道你想要成为一个大家都信任的人。如果以后你能一直保持诚实的话，我会非常高兴的。'"

"太好了，"艾米说道，"我可能现在还不能跟乔什讲这些道理，因为他还太小了，但我想我会用这种态度跟他相处。我会成为鲸鱼教育法的忠实信徒。只要一看到我的孩子保持诚实、善良、无私，我就会表扬他，奖励他。我已经看到这些品质开始在他身上生根发芽了，这的确让我非常开心。我很清楚，这些品质会让他受益终身的。"

"我同意，"金姆·李说道，"这么多年来，我一直在用在

第13章
"请"和"谢谢"

海洋世界学到的这些东西来教育我的孩子,我最大的收获就是:要想让你的孩子变得自信、有能力、充满爱心,最关键的一点就是要努力留意他做对了什么。"

"这就是鲸鱼教育法全部的秘密所在。"艾米微笑着说道。

鲸鱼哲学笔记

怎样培养孩子的道德观

创造条件，帮助孩子成功

人的道德都是后天培养的。你可以在孩子牙牙学语的时候就开始培养他的道德观。关于道德成长的最新研究表明，孩子六个月大的时候，就已经开始对其他人的沮丧情绪作出反应，并开始体会到什么是同情心。〔本章部分内容来自于米歇尔·博拉的大作《培养道德商》(*Building Moral Intelligence*)。〕很多父母错误地等到孩子六七岁的时候才开始注意他们的道德问题。这只会让孩子更有可能学会那些不好的习惯，结果会妨害到他们的道德成长。要想让孩子成为一个有道德的人，你需要学会言传身教，并通过各种方式激励和强化孩子的道德准则，让他懂得什么是同情心、良心、自制力、尊重、善意、容忍和公正。其中最重要的是要身体力行。

忽视失败并（或）重发指令

一旦发现孩子的行为有违道德，那些道德感极强的父母们就会对孩子大加训斥。一定要避免这样做，要对你的孩子保持积极的态度，保持耐心。这时重发指令就变得非常重要了。一旦发现孩子的行为不道德，千万不要立刻作出任何反应。换个时间，等孩子平静下来之后再跟他好好谈谈。在描述孩子刚才的行为时，一定不要有任何责备他的意思，要尊重他，理解他。再次告诉他你的期待，语气要温和，但态度要坚定。对于年龄稍大的孩子，你可以通过反问的方式来让他自己思考："如果有人那样对你，你会怎么想？"然后你可以对孩子的某些正面行为给予奖励，让整个谈话有个良好的结尾。

奖励成功

一定要期待你的孩子成为一个有道德的人。相信他一定能做到这一点。然后你需要仔细留意孩子做的那些符合道德的行为。一旦发现他做出这些行为，就立刻给予奖励。你可以让他感觉你在留意他的行为，当你孩子的道德感不断增强，做出符合道德的事情也越来越多时，记得一定要庆祝，鼓励他变得更加有自制力，更加谦虚，更加有勇气，更加正直和无私。

池畔谈话

如何将鲸鱼哲学用于实践

这部分将告诉你如何用鲸鱼哲学来教导你的孩子,以及如何处理该过程中可能出现的各种问题。虽然本书主要针对的是年龄较小的幼儿,但书中的技巧同样适用于青少年,甚至所有年龄段的人,因为整套方法都是基于行为科学的普遍法则而得出的。在各位已经读到的内容中,我们只是涉及了当今父母们所面临的几个典型问题,但这样的问题还有很多。事实上,如果你能吃透书中字里行间的意义,相信你就会发现,只要运用得当,鲸鱼哲学几乎可以用来处理父母们面临的任何问题。我们建议,父母们在遇到任何问题时,都可以问问自己,我该怎么用鲸鱼哲学来解决这个问题呢?

创造条件,帮助孩子成功

做到这一点的一个重要部分是真正理解鲸鱼哲学的基本概念。下面是我们在书中用到的一些重要术语的定义。

鲸鱼反馈

鲸鱼反馈是指父母一方对孩子某种正面行为的积极反馈。

它可以让父母们留意到孩子所做的正确行为，并进而强化这一行为。这种反馈可以是口头上的，可以是身体上的（比如拍拍后背，或者是给他一个拥抱），也可以是物质上的（比如提供一些他喜欢吃的东西，一个玩具，或者是一枚鲸鱼标签）。

重发指令

重发指令是父母们在孩子犯错或表现出某种不良行为之后做出的反馈。一旦出现这种情况，父母们千万不要去留意孩子的错误行为，而是要设法转移孩子的注意力，将其转移到某些积极正面的事情上。通常来说，重发指令有以下几种形式：

1. 转移。你可以设法转移孩子的注意力。比如说你在陪客人聊天的时候孩子在一旁扯着嗓子唱个不停，你可以告诉他："亲爱的，我很喜欢听你唱歌，但请你稍微轻一点儿。"一旦孩子听从了你的建议，立刻向他表示感谢，告诉他："你看，我这儿有本小书，需要上点颜色，你先看看，待会儿我们一起玩吧。"

2. 再次强调规则。如果孩子有一定的理解能力，比较适合口头解释的话，父母可以告诉他们："我们谈谈吧，我告诉你为什么有客人在场时要把声音放低些。"

3. 表扬。一旦发现孩子做出值得你认同、表扬，或者是奖励的行为，这说明你的重发指令是非常有效的。你可以告诉他："亲爱的，谢谢你放低了声音。妈妈最喜欢听你轻声唱歌了。"

池畔谈话

正面强化的方式

掌握了鲸鱼哲学的父母们懂得寻找机会强化(或者支持、加强、培养)孩子们的某些行为。他们的这种强化通常会表现为以下几种方式:

1. 口头。感谢、表扬,用一种充满爱意的口吻,用孩子最喜欢的爱称称呼他等。

2. 身体。拥抱,拍拍后背或肩膀,把孩子抱到大腿上等。

3. 奖励。零食,玩具等。

变换强化方式

在强化孩子行为时,最好能变换各种不同的方式,而非总是用同一种或两种方式,这样会给孩子带来更多欣喜,让他每次受到表扬时都感觉新鲜。当然,在某些特殊场合,可能某些强化方式会更加有效。

终极突破

有时候,情况在变得更好之前会先变得更糟糕。比如孩子在上床之前喜欢闹脾气,你已经注意到了这个问题,结果却总是不知不觉地强化他的这种行为。了解鲸鱼哲学之后,你开始不再留意他的错误行为,结果他哭闹得反而更严重。这种情况被称为毁灭爆发,它通常是鲸鱼哲学奏效的前兆。但如果父母们认为这种现象说明鲸鱼哲学无效,转而继续留意孩子的负面

行为，结果就只能让他哭闹得更凶。但如果他们能够挺过这段时间，就会慢慢地学会适应新的变化，向着好的方向发展。不去强化他的负面行为，而是在孩子的正面行为出现之后立刻加以强化。

积极的行为反馈计划

1. 清晰定位你想要的行为。一定要清楚你究竟希望自己的孩子怎么做。

2. 用一种跟孩子年龄相符合的方式，告诉他你希望他怎么做。

3. 跟其他家庭成员商量如何更好地帮助孩子成功。你的配偶，孩子的祖父母、外祖父母，保姆等。

4. 强化你想要的行为。你可以用各种不同的方式和时间安排来强化孩子的某些行为，实践证明，这样做效果通常会更好。

5. 制订一份巩固计划。千万不要认为孩子的某些良好行为是理所当然的事情。一定要不断强化他的这些行为，帮助他保持下去。

教育孩子时常犯的错误

1. 告诉孩子你希望他怎么做之后，你并没有留意孩子是否做到了。记住，一定要留意发现孩子做对事情的时候。

2. 没有用正确的激励方式来强化孩子的正确行为。记住，对待不同的情况，要用不同的激励方式来强化。

3. **没有改变强化方式**。通过使用各种不同的强化方式,你可以更好地加强和巩固孩子身上那些你想要的行为。

4. **无意中强化了孩子的负面行为**。强化的时机至关重要。要确保你在适当的时候用适当的方式强化了孩子的正面行为。如果不这么做,你可能反而会强化一些错误的行为。

5. **没有主动地强化你希望的行为**。一定要确保所有照顾孩子的人都能够按照统一的规则行事。

6. **你没能坚持下去**。有时候孩子的行为可能会在变好之前先变得更糟,这时你一定要有高度的耐心。

7. **网开一面**。千万不要对你不喜欢的行为网开一面,尤其是在孩子还小的时候,这样做反而会制造混乱。

8. **投入太多精力去留意他的错误行为**。处理错误行为最好的办法是重新告诉孩子什么是正确的,并且投入精力去纠正他的行为。

9. **在使用鲸鱼哲学的过程中表现出挫败感**。有时孩子可能正希望你感到挫折。消极的反馈只会更加强化孩子的这种做法。

10. **出现失误时对自己过于严苛**。犯错没什么大不了。这些错误并不会让你成为一个糟糕的爸爸或妈妈,它们反而会让你有机会学到更多。

忽视失败并(或)重发指令

每位父母都要为孩子的行为负责,所以我们不可能完全忽

视孩子那些冒犯别人甚至是危险的行为。但孩子的这些行为可能千差万别，比如说有时他可能只是在你面前哼来哼去，让你心烦，有时却会因为闹个小脾气而打破一只名贵的花瓶。无论孩子怎么做，记住，千万不要发火，更不要动手打孩子。

一般来说，当孩子做出一些让人无法接受的行为时，父母的反应通常可以分为三个层次：

1. 忽视。如果孩子的行为只是让你感到厌烦，或者你还可以容忍（比如他不小心说了一句脏话），不妨一笑了之。你也可以自己反省一下，看看孩子是否是从你身上学到的。

2. 重发指令。如果孩子的行为更糟糕一些，你可以告诉他怎么做是对的。如果孩子闹个不停，让你跟他无法沟通，你可以先让他安静下来。一旦他安静下来，重新告诉他究竟该怎么做。

3. 冷处理。当各种做法都不奏效时，或许可以考虑采取冷处理的办法——尤其是当孩子情绪激动或者是失控时，跟他讲道理是毫无意义的。比如孩子看到某种糖果，哭着闹着想要，这时你该怎么办？记住，如果你以前曾经对孩子的这些行为作出过让步，那你的做法只会让他以后继续哭闹，甚至更糟。如果是这种情况，纠正他的行为可能就要花费更长的时间，这时一定要有耐心。

冷处理的其他建议

父母的冷处理可以让孩子有更多机会冷静下来，反思一下自己的行为（或者甚至主动调整自己的行为）。它还可以让父母有机会冷静下来，想想下一步该怎么办，或更好地思考孩子这种行为背后的原因。比如说你可能会发现自己并没有认真观察或留意孩子的需要，所以才导致这种问题的出现。

第一次对孩子进行冷处理时，一定要保持环境的安全，比如说可以把孩子放在一个不会伤害到他自己，或者影响到其他人的地方。刚开始他的行为可能会变得更加糟糕，别管他，这时孩子只是希望能引起你的注意罢了。记住，只要孩子仍然情绪激动，你就不可能跟他讲任何道理。在孩子的行为停止之前，千万不要试图跟他讲任何道理，一直等到他完全平静下来——这说明此时他已经打算跟你配合了。当孩子意识到自己的行为可以决定冷处理时间的长短时，他就能学会对自己的行为负责了。

关于体罚

每次只要一听我们说"如果这些 12 000 磅的大家伙不听话，我们就打它屁股，然后再下水跟它一起工作"的时候，观众就会哄堂大笑，这的确不是一个好主意。这句玩笑不仅让现场气氛轻松很多，而且也说明了一个道理。你的孩子在体型上远不能跟虎鲸相比，但体罚所带来的结果却是相似的：愤怒——不好的感受，挥之不去的愤恨，报复心。时间一长，这些感受一定会伤害到你们之间的感情。

因为如今很多做父母的都曾经有过被爸爸妈妈体罚的经

历,而且有时体罚看起来的确非常有效(它可以收到立竿见影的效果),所以很多父母都会认为这是一个不错的选择。直到今天,我们还会听到有些家长说,"棍棒底下出孝子""丢了棒子,毁了孩子"等,似乎这些话说的人多了,就成了至理名言。有些大人可能会说,"我也被体罚过,现在也没事啊",或者"我爸爸以前就经常揍我,这种做法让我学会了尊重别人"。说这些话的人似乎忘了,体罚也带来了一种副产品,那就是恐惧——力量小的人对力量大的人的恐惧。而且即便体罚会让人学会尊重,那恐怕也不是对自己的尊重。

惩罚可以是身体的暴力,也可以是口头的暴力。(在《鲸鱼哲学:积极关系的力量》一书当中,我们把管理者的负面反馈说成是"终于抓到你了!")几乎所有的体罚都发生在父母大发雷霆的时候,而且在很多情况下,体罚只会让父母和孩子都失去控制。从实际情况来说,体罚往往发生在痛斥之后。

不用多想就可以知道,一旦父母在愤怒的时候体罚孩子,这种做法只会降低孩子对父母的信任,伤害双方的感情。正因如此,我们才会在训练动物时避免任何形式的负面强化。但我们之所以不建议对孩子进行体罚,还有一些更重要的原因。1968年,斯坦利·库伯史密斯曾经进行过一场世界上有史以来最大规模的关于儿童自尊的研究。研究者们调查了成千上万名英国教师,请他们指出哪些学生的自尊比较强。随后研究者们对这些孩子的生活背景进行了研究,结果发现,孩子的自尊高低跟他们父母的收入水平或教育程度并没有直接的关联，跟孩子是否生活在双亲家庭也毫无关系。相反，研究者们发现，那些自尊程度比较高的孩子主要有以下四个特点：

1. 接受。从一生下来开始，他们就得到无条件的爱。他们不需要作出任何改变，也不需要迁就任何人，什么都不需要做，就可以得到这种爱。他知道自己是安全的，知道在这个世界上有自己的位置。

2. 尊重。这些孩子的身体、生存空间、长相、服装、财产，而且更重要的是，他们的想法都能得到尊重。（这是体罚会破坏的一个最重要的东西。）

3. 回馈。这些孩子经常会表现出各种慈悲行为。对于他们来说，给予别人似乎会让自己的自我感觉更加良好。

4. 父母的自尊水平。那些自我感觉良好的孩子往往生活在一个自我感觉良好的环境里，他们的父母，或者是照顾他们的祖父母，本身就有很高的自尊水平。

至于为何不要对孩子进行体罚，还有一个最重要的理由就是：体罚是对孩子最大的不尊重。体罚说明你不尊重孩子的身体、他的空间和人格，所以它（如果重复多次的话）很可能会伤害到孩子的自尊。那些经常遭受体罚的孩子很难确信自己的身体或人格完全可以不受侵犯。

近朱者赤，近墨者黑。如果一个孩子自小生活在一个缺乏尊重的环境里，他就很难学会去尊重其他人——无论是在他的

儿童时代，还是成年之后。所以每次想体罚孩子的时候，最好的方法就是你离开现场，先去另一个房间待一会儿。做几次深呼吸，想想该怎么办。相信我，你一定不会后悔的。

奖励成功

心理学家们告诉我们，人类 90% 的行为都是由习惯决定的。当然，习惯本身并不是坏的，事实上，习惯可以帮助我们节约大量的时间和精力。想想看，如果每天早晨都要重新学习如何走路，那该浪费多少时间！但习惯所带来的这种便利和高效恰恰会使它们变得很难改变。试想一下，正是由于我们所思、所言、所做的几乎所有事情都是由习惯驱动的，所以人们才更愿意遵从自己的习惯，按照旧习惯生活也会让自己感觉更加舒适。

大多数情况下，鲸鱼哲学的确需要父母们改变自己的一些习惯。在改变跟孩子相处的方式之前，父母们首先必须改变自己的思维方式，要做到这点并不容易——特别是感觉这跟自己的成长经历，跟自己看到的朋友们的成长经历，或者其他父母们对待孩子的方式截然相反的时候。就算你已经确信鲸鱼哲学是一种更好的方式，你的内心仍然希望停留在以前的方式里。

但如果你给自己确立目标，立志成为一位精通鲸鱼哲学的父母，你就会得到书中驯鲸师们所得到的结果——别忘了，他们的做法都是建立在行为科学基础上的。做到这点需要很多练习，练习越多，效果就会越好。在这个过程中，你会感觉自己

池畔谈话

的付出正在逐渐得到回报。

接下来,我们假设你已经下定决心,要用鲸鱼哲学教育自己的孩子了(你以前从来没尝试过),可刚一开始,你就遇到了麻烦。当然,即便是最优秀的父母也会遇到这些问题,但千万不要因此灰心丧气。重要的是你在遇到问题之后怎么办,你可能当时会感到愤怒、沮丧、受伤,甚至产生罪恶感,但当你多给自己一些时间,让自己平静下来的时候,你会发现自己对问题有了完全不同的看法。这时你可以有效地利用这些情绪帮助自己继续向前,具体来说,当你在跟孩子发生冲突之后转身离开的时候,你可以问问自己:

1. **我是否帮助他取得成功了?** 孩子为什么会那样做,是因为我做了什么,还是因为我没做什么?当我们之间发生分歧的时候,我是否尊重了孩子的个人隐私?

2. **我是否跟他沟通清楚了?** 我是否发脾气了,威胁他了,还是去压制他表达自己的想法了?

3. **我是否重发指令了?** 我是否忽视了他的不良行为,并且投入更多精力来关注孩子做对了哪些事情了?

4. **我是想继续培养我们之间的关系,还是要破坏这种关系?**

这些问题非常重要。如果你对其中一个或多个问题的回答是否定的,那说明你需要改变自己的某些做法了。遇到这种情况时,你可以按照一首老歌教我们的那样:爬起来,拍拍身上的尘土,让一切重头再来。

Whale Done Parenting
How to Make Parenting a Positive Experience
for You and Your Kids

　　如果你们是一个完整的家庭，父母双方都决心运用鲸鱼哲学，整个过程就会变得简单很多。如果你是单亲家庭，我建议你请某位亲戚、好朋友，或者是某位跟你一起想要成为鲸鱼哲学父母的人来帮忙。之所以建议你这样做，是因为这样可以帮助你在对待孩子的时候确保态度一致。当然，最重要的还是要彼此发现对方做对了什么。

　　我们希望书中主人公跟这些神奇的大型动物们一起工作的经历能够带给你全新的感受，让你感觉跟孩子相处是一件快乐的事情。时间说快也快，说慢也慢。千万不要抱怨养孩子辛苦，别忘了，你跟孩子相处的时间其实并不长，不知不觉间，他们就会长大成人，离你越来越远了。

致 谢

■ 肯·布兰佳

感谢萨德·布兰佳和多萝西·布兰佳,是他们让我踏上了正确的人生之路。我相信,他们就是一对精通鲸鱼哲学的父母。我还要感谢我的伙伴玛吉·布兰佳,她在以身作则地实践着我们教导别人的一切。还要感谢我的朋友和编辑玛莎·劳伦斯,她投入了很多精力帮助我准备本书的手稿。此外还要感谢BK出版公司总裁兼出版人史蒂夫·皮尔桑迪,是他勇敢地带领我们闯进了家庭教育这块领域。

■ 萨德·拉辛纳克

感谢我美丽的女儿米歇尔和她的丈夫马特,我的儿子菲利普,以及他们美丽而充满爱心的母亲芭芭拉,正是芭芭拉用鲸鱼哲学养育了这两个孩子。我们已经将书中谈到的方法又用到了我们英俊的孙子乔什身上——我们在书中用到的很多案例,其灵感都是来自于他。乔什,你永远是上天赐予我们最珍贵的礼物。

■ 查克·汤普金斯

感谢我亲爱的妻子凯西,我们已经结婚28年了。

在我实践鲸鱼哲学的过程中,她一直是我的指明灯和灵感之源。如果没有她的指引和支持,我永远不可能取得今天的成就。我还要感谢我的儿子,科迪和杰瑞德,这两个美妙的精灵带给我们的美好超出了任何人的想象。

我和萨德再次感谢我们在过去 30 年间共事过的所有同事,你们帮助我们不断地改进教学内容,帮助我们改进与我们共事的动物、老师、学生以及同事们的关系。

■ 吉姆·巴拉德

真心感谢芭芭拉·贝尔曼博士——她是我最好的朋友和伙伴,他还跟我一起合著了《非常举动:给自己年迈的父母搬家》(*No Ordinary Move: Relocating Your Aging Parents*),并继续激励我取得更大的进步。还要感谢肯·布兰佳集团的编辑玛莎·劳伦斯、BK 公司创始人史蒂夫·皮尔桑迪,是他们不知疲倦地努力让本书变成了现在的样子。感谢我无与伦比的教练雪莉·安德森,我的朋友利昂·霍莫尔、塔尼·科恩、尤里·科恩,他们支持我完成了本书的草稿。最后,我还要感谢我最最崇敬的大师,帕拉马萨·尤迦南达,以及他所创建的自助会的大师们。

关于作者

从左到右依次是:
萨德·拉辛纳克、吉姆·巴拉德、肯·布兰佳、查克·汤普金斯

肯·布兰佳

他的思想深深影响了全世界上千万人的日常管理行为。他是一位极受推崇的作家、演讲大师和管理顾问。

肯跟人合著过许多畅销书,其中包括国际畅销书《一分钟经理人》,其他包括《领导力及一分钟经理人》《疯狂粉丝》《共好!》《授权不止一分钟》《价值观管理》《全速前进》《秘密》《知道做到》等。他的作品全球累计销量超过2 000万册,被翻译成三十多种语言。2005年,肯被选入"亚马逊名人堂",成为"全美有史以来最畅销的25位作家之一"。鉴于他在管理领域所取得的成就,大峡谷大学商学院甚至用他的名字命名。

肯还是国际管理培训咨询公司肯·布兰佳集团的首席

精神官，这间公司由他和妻子玛吉莉于1979年共同创建。他还与人合著了《像耶稣一样领导》，并与人共同创办了一家致力于激励并帮助人们成为更好的仆人型领导的非赢利性组织"像耶稣一样领导"。肯和玛吉现居圣地亚哥。

萨德·拉辛纳克

　　萨德是行为咨询公司"精准行为"的创始人和所有人之一。他此前曾是"海洋大使"公司的合伙人，并担任该公司行为科学项目副总裁。担任该职务期间，萨德参与了众多国际项目开发和咨询工作，致力于研究动物园领域的动物行为矫正技巧。萨德还积极参与公司的教学工作，教导来自全世界各地的动物园和公司的客户如何使用积极的行为强化技巧。

　　加入"海洋大使"之前，萨德曾经在布希娱乐公司（BEC）有过35年的从业经验，并担任该公司副总裁和动物培训总负责人，担任该职务期间，萨德指导了BEC公司在海洋世界和比施加登斯主题公园的动物培训工作。他先后为这些主题公园培训和管理了超过450名动物培训师和管理员。

　　萨德在改进海洋世界和比施加登斯主题公园的行为和培训技巧、农牧业流程管理、虎鲸表演等项目中发挥了重要作用。他曾率领自己的团队于2007年凭借"相信虎鲸"表演荣获全美主题娱乐协会的"特亚奖"。除此之外,他还在各种行业会议上凭自己高超的演讲技巧获得无数大奖。

萨德是美国动物行为管理联盟的创始人之一,并曾亲自担任该联盟总裁。他还是动物园及海洋馆协会成员,海洋动物研究协会成员,行为分析协会成员。自2001年与布兰佳合著《鲸鱼哲学:积极关系的力量》之后,萨德先后应邀在全球各地发表主题演讲,参加各种研讨会和工作小组,宣传鲸鱼哲学,教导人们如何改善工作关系。他还参与指导了很多动物培训研讨会,告诉人们如何提高动物的敏捷度和忠诚度。

萨德目前接受关于《鲸鱼哲学:积极关系的力量》和《妈妈,请把我当虎鲸养》方面的演讲。演讲主题包括诸如团队建立、积极领导要诀、执行管理等。萨德现居佛罗里达州奥兰多市,读者可以通过tlacinak@gmail.com邀请他发表主题演讲、执行官培训等。

查克 · 汤普金斯

查克是BEC集团现任动物园运营总监。他已经在BEC服务超过30年,其中大部分时间都在担任奥兰多海洋世界动物培训副总裁。

查克先后对超过100种动物进行培训,其中包括虎鲸、海豚、鳍足类动物、灵长类动物、猛禽、有蹄类家畜、犬

类等。他还是佛罗里达州政府认可、联邦政府认可的驯鹰师。查克先后创作,或与人合著过十余篇深受业内推重的专业论文,主题涉及动物培训和行为校正等多个领域,并多次获得国际海洋动物培训师协会颁发的殊荣。

2001年,查克与肯·布兰佳、萨德·拉辛纳克和吉姆·巴拉德合著《纽约时报》畅销书《鲸鱼哲学:积极关系的力量》。此后查克在全国各地广泛发表演讲,告诉人们该如何在家庭和工作中与人建立良好而积极的人际关系。

查克是国际海洋动物培训师协会、动物园及海洋馆协会成员,海洋动物研究协会成员,行为分析协会成员。此外查克还曾担任独立犬伴侣协会培训顾问,中央佛罗里达血库执行委员,男孩女孩俱乐部执行委员,以及美国癌症协会执行委员。

查克和妻子凯西,儿子科迪和杰瑞德居住在佛罗里达州的温德莫里。

吉姆·巴拉德

吉姆·巴拉德先后当过10年的教师、教导顾问、校长等,并曾经有过10年的教师培训、团队建设方面的经验。1973年遇见肯·布兰佳之后,吉姆开始进入公司培训领域。作为肯·布兰佳集团的顾问合伙人,他设计并执行了许多

关于作者

获过大奖的管理课程,并曾与肯合著过六本图书。

此外吉姆还独自出版过《为何着急?》《心静如水》《小波浪和大鼓包》等书。他为本书提供了大量故事和建议,并跟其他作者一起将本书创作成一个趣味盎然的故事。他的研究方向主要集中在积极关系、变革、授权以及如何处理类似信息过量问题等领域。

吉姆还是 LifeCrafters.com 总裁兼教练,致力于帮助人们创作自己喜欢的小故事。LifeCrafters 还帮助各种组织创作能够传达自身理念的小故事,以此来提高客户和员工的忠诚度。吉姆的网站是:www.myjimballard.com。

肯·布兰佳集团服务项目

肯·布兰佳集团是一家在现场学习、效率改进、表现管理和领导力提升领域处于领先地位的公司。该公司以其提供的情境领导（Situational Leadership II®，简称 SLII®）而闻名于世，该项目如今已成为全世界最受欢迎的领导力项目。由于能够帮助人们成为卓越的自我领导者和领导者，SLII® 受到世界范围内《财富》500 强公司以及各种中小型公司、政府部门、教育机构和非盈利组织的广泛欢迎。

Blanchard® 项目基于"人是实现所有战略目标，推动组织取得自己想要的结果"这一理念，致力于帮助企业提高领导力、团队和客户忠诚度、变革管理和业绩改进。公司陆续在研究如何帮助管理者们改进自己的工作场所，公司拥有世界级的培训专家和教练，能够在各个层面推动组织和行为变革，帮助人们完成从"学"到"做"的转变。

肯·布兰佳集团的领导力专家们可以在组织成长、工作场所表现和商业趋势上为你提供各种进修班、咨询和主题演讲服务。

Whale Done Parenting
How to Make Parenting a Positive Experience
for You and Your Kids

全球总部

The Ken Blanchard Companies
125 State Place
Escondido CA 92029
www.kenblanchard.com
+1.800.728.6000 from the U.S.
+1.760.489.5005 from anywhere

中国

布兰佳中国（Blanchard China）/ 前程无忧
中国上海浦东新区张东路1387号3号楼201203
www.blanchardchina.com
+86 21 6160 1888 转 8970
+86 10 5827 3388 转 8319
candy.lee@blanchardchina.com

访问我们在 YouTube 上的视频

在这里你可以看到肯·布兰佳集团的思想领袖们是如何工作的。你可以订阅布兰佳频道内容，定期收到视频更新信息。

登陆 facebook，加入布兰佳迷俱乐部

你可以加入我们的内部小圈子，在肯·布兰佳

facebook 网页上建立链接。你可以联系肯·布兰佳的其他粉丝，了解更多关于肯·布兰佳图书的信息。此外你还可以看到很多视频文件和照片，受邀参加一些特殊活动。

与肯·布兰佳对话

你可以访问肯·布兰佳的博客 HowWeLead.org，了解更多关于积极变革的知识。这是一家公共服务网站，专业讨论所有人都感兴趣的领导力话题。我们是一家无党派、非宗教网站，不会索取或接受任何捐赠。它只是一个社交网络，在那里你可以接触到很多真正了解领导力这一话题的人。与此同时，肯·布兰佳也希望能够通过该网站更多聆听大家的想法。

变革工具

访问 www.kenblanchard.com，点击"变革工具"，了解我们的工作室、培训服务和领导力项目，帮助你的组织实现持久的行为变革，产生切实可衡量的效果。

肯·布兰佳的 Twitter

肯的 Twitter 可以帮助你更及时地了解肯的思想和信息。你可以通过 Twitter 了解肯即将出席的活动和他的所思所想。

如果你能控制好自己的情绪，就能养出有自主性的孩子

"不要逼我发火！"
"你怎么就是不听我的话！"
"我已经跟你说过多少次了！"

曾经吼过孩子的父母，请注意：很抱歉，责骂孩子是没有用的。

你得学会让自己冷静，控制好自己。如果能把精力放在控制自己的行为上，而不是控制孩子的行为，得到的结果会出乎意料地好。

《零吼叫养出100%的好孩子》主张教养的关键"不在孩子，而在父母"。这是一本理念创新的教养指南，适合各种年龄段孩子的父母。这本书的内容能减低你教养孩子的焦虑与压力，让你的家庭更和谐，帮你教养出100%的好孩子。

〔美〕哈尔·爱德华·朗克尔 著
陈玉娥 译

重庆出版社
出 品：中资海派
定 价：22.80元

听听孩子的心声：
爸爸妈妈，请不要对我"吼叫"！

父母怎么做，孩子才会听？

"零吼叫"是父母提升自我修炼的一门功夫，也给了父母一个以身作则的机会。《零吼叫养出100%的好孩子》探讨了孩子成长中的种种问题，并提出解决方法。书中主张孩子要自主成长，对此我深表认同。

《父母必读》杂志主编　徐　凡

作者很会"说话"，让我获得了难得的阅读快感。令人高兴的是，它又是那么的"言之有物"。

亲子专家　孟　迁

《零吼叫养出100%的好孩子》的主旨道出了我的心声：教育的关键不是在孩子身上下功夫，而是父母在自己身上下功夫。把握了这一个基本原则，就能坦然面对并且化解一切困境。

家庭教育专家　小　巫

爸爸妈妈们，请改变和孩子"随意对话"的习惯吧！

"吃饭怎么总是这么磨磨蹭蹭的？""男子汉还哭鼻子丢不丢人？""为什么不想去上学？"……日常生活中，爸爸妈妈总是在和孩子进行"随意性对话"。其实，孩子做出的每个举动、说出的每句话背后都有自己的真实感受和想法：

孩子最看重的是父母对自己的爱和尊重

"你吃得这么慢，妈妈都没法收拾了。以后吃得再快一点好吗？"——引导式对话让孩子更容易体会妈妈对他们的爱和尊重。

孩子需要表扬，更需要肯定

"不要不开心了，虽然你不太擅长这个，但你还有很多其他优点啊。比如，书读得很多，还认识连爸爸都不认得的汉字。"——引导式对话让妈妈在不经意间帮孩子树立自信心，让他们更加自信。

〔日〕小紫真由美 著
〔韩〕郑久美 绘
蔡福淑 译

重庆出版社
出 品：中资海派
定 价：25.00元

孩子表面的任性胡闹其实另有隐情

"现在还不想说逃学的原因吗？妈妈理解，等你愿意的时候再告诉妈妈吧。"——引导式对话让孩子感受妈妈真心的关怀和支持，主动和妈妈说知心话。

儿童教育的艺术首先是倾听而不是说教。这或许就是《妈妈，请这样跟我说话》给予我们的善意启示。

著名教育专家　孙云晓

在每个孩子的成长历程中，妈妈的重要性不言而喻。妈妈们都深爱着自己的孩子，但一些妈妈却因与子女缺乏良好的沟通，导致亲子关系紧张。学会与孩子说话，也就是妈妈学着如何去爱孩子。如果你想成为一位聪明的好妈妈，现在就开始学习吧，相信你和孩子都将踏上一段新的旅程。

摇篮网 (www.yaolan.com)

本书列举了众多生活实例，从正反两面进行对比分析，指导家长如何对孩子进行"引导式对话"。作为育儿类媒体，我们觉得这本书比较适合家长轻松阅读，其内容易于掌握和利用，值得推荐。

育儿网 (www.ci123.com)

一位父亲对孩子的真情告白

人才是最宝贵的财富,要将"我"这个人的能力发挥至最大。
用知识深化自己的内心,奉献自己的人生,是一件美好的事情。
以憎恶的眼光来看待周围的人,这种感觉会没有尽头。
如果以爱的眼光看待周围的人,那么你感受到的世界也发生了改变。
职业左右你的人生,你要选择与自己价值观相符的职业。
为了获得成长,要舍得对自己投资。
为成为富人做好准备,要认识金钱,学会理财。
做个受欢迎的人,才能获得幸福。
……

如果你是充满困惑的孩子,本书能让你认识自己,认识世界,认识人生;如果你是热爱孩子的爸爸或者妈妈,本书是你教育孩子的指导手册,将助你教出会生活懂生命的完美孩子。对于即将迈向漫长人生旅途的孩子,父母能够做的不是代替他们去提行李……

〔韩〕赵荣熏 著
徐红霞 译

重庆出版社
出　品:中资海派
定　价:25.00元

架起父子沟通的桥梁,解读孩子成长的烦恼,
消除成长路上的困惑,给孩子插上飞翔的翅膀。

令无数韩国家长动容的暖心读本　助你设计出孩子的美好人生

容颜易老　IQ常新

只要你默念咒语"IQ开门",再翻开这本书,
你就能找到提升IQ的宝藏

36年家庭合作实战经验
34个提高学习潜能经典案例
13个提升IQ速成窍门
13套IQ自测题
5种神奇呼吸法

用简单易行的方法,为解决儿童多动症、注意力不集中、青春期叛逆、失眠、焦虑和情绪不稳等问题提出了效果卓著的大脑处方。

用大量的事实对提升智商的理论成果,如大脑螯合排毒法、情绪营养战略和神经治疗补充剂等予以科学证实。

用独特的视角,如蓝光唤醒、咀嚼口香糖和电子鼓乐等去挑战传统概念,告诉你:大脑潜力无限,智商可以改变。

〔美〕弗兰克·劳利斯博士 著
周鹰　曾筱岚 译

重庆出版社
出　品:中资海派
定　价:29.80元

外婆妈妈李元宁教授献给年轻父母的育儿圣经

回首往事，我们感到最成功和最得意的事情就是：我们为这个世界留下了健康优秀的儿女，而不是自己的名字。

作者为父母普遍关心与担忧的问题提供了科学而有效的解决办法。如：

- ◆ 怎样哄孩子停止哭闹
- ◆ 如何断奶更有利于宝宝
- ◆ 怎样对待不爱吃饭的孩子
- ◆ 如何让孩子学会自理大小便
- ◆ 为什么要多抚摸孩子
- ◆ 怎样惩罚孩子最有效
- ◆ 幼儿时期的英语教育是必需的吗
- ◆ 如何培养孩子阅读的兴趣
- ◆ 孩子沉迷于电视怎么办
- ◆ 如何科学地进行性启蒙教育

……

〔韩〕李元宁 著
洗贤京 绘
蔡福淑 译

重庆出版社
出　品：中资海派
定　价：26.80元

李元宁教授以深入浅出的理论、真实而丰富的案例、活泼而生动的插图，为缺乏自信和经验的年轻父母们提供了全方位的育儿指导。

拯救孤立无援、六神无主、惊慌失措、疲惫不堪的年轻父母！

《好孩子的成长99%靠妈妈》的姊妹篇
韩国"家教第一书"

当我们的妈妈们仍在为孩子的成绩斤斤计较，为没有获得第一名而责备孩子时，韩国"第一妈妈"张炳惠博士如说，在孩子的成长过程中，成绩或名次并不代表一切。张炳惠博士说，能够带领孩子迈向成功彼岸的，是九种从日常生活中培养出来的基本能力。一旦拥有这九大基本能力，孩子的学业成绩没问题，人际关系没问题，情绪管理没问题，自我管理没问题……在十年二十年之后，到了社会上，更能成为孩子迈向成功的绝佳武器。

让孩子茁壮成长的力量＝孩子应具备的九种基本能力＋父母们的七种智慧＋三十个SOS的教育处方

〔韩〕张炳惠 著
宁莉 译

重庆出版社
出　品：中资海派
定　价：22.00元

**只要妈妈1%的改变，
孩子的成绩将会突飞猛进！**

短信查询正版图书及中奖办法

A. 电话查询
    1. 揭开防伪标签获取密码，用手机或座机拨打4006608315；
    2. 听到语音提示后，输入标识物上的20位密码；
    3. 语言提示：您所购买的产品是中资海派商务管理（深圳）有限公司出品的正版图书。

B. 手机短信查询方法（移动收费0.2元/次，联通收费0.3元/次）
    1. 揭开防伪标签，露出标签下20位密码，输入标识物上的20位密码，确认发送；
    2. 发送至958879(8)08，得到版权信息。

C. 互联网查询方法
    1. 揭开防伪标签，露出标签下20位密码；
    2. 登录www.Nb315.com；
    3. 进入"查询服务""防伪标查询"；
    4. 输入20位密码，得到版权信息。

中奖者请将20位密码以及中奖人姓名、身份证号码、电话、收件人地址和邮编E-mail至szmiss@126.com，或传真至0755-25970309。

一等奖：168.00元人民币(现金)；
二等奖：图书一册；
三等奖：本公司图书6折优惠邮购资格。

再次谢谢您惠顾本公司产品。本活动解释权归本公司所有。

读者服务信箱

感谢的话

谢谢您购买本书！顺便提醒您如何使用ihappy书系：
◆ 全书先看一遍，对全书的内容留下概念。
◆ 再看第二遍，用寻宝的方式，选择您关心的章节仔细地阅读，将"法宝"谨记于心。
◆ 将书中的方法与您现有的工作、生活作比较，再融合您的经验，理出您最适用的方法。
◆ 新方法的导入使用要有决心，事前做好计划及准备。
◆ 经常查阅本书，并与您的生活、工作相结合，自然有机会成为一个"成功者"。

优惠订购	订阅人		部门		单位名称	
	地址					
	电话				传真	
	电子邮箱			公司网址		邮编
	订购书目					
	付款方式	邮局汇款	中资海派商务管理（深圳）有限公司 中国深圳银湖路中国脑库A栋四楼			邮编：518029
		银行电汇或转账	户　名：中资海派商务管理（深圳）有限公司 开户行：招行深圳科苑支行 账　号：81 5781 4257 1000 1 交行太平洋卡户名：桂林　　卡号：6014 2836 3110 4770 8			
	附注	1. 请将订阅单连同汇款单影印件传真或邮寄，以凭办理。 2. 订阅单请用正楷填写清楚，以便以最快方式送达。 3. 咨询热线：0755-22274972　　传　真：0755-22274972 E-mail：szmiss@126.com				

→利用本订购单订购一律享受9折特价优惠。
→团购30本以上8.5折优惠。